高校档案管理与信息安全研究

李 扬 著

北京工业大学出版社

图书在版编目（CIP）数据

高校档案管理与信息安全研究 / 李扬著． — 北京 ：北京工业大学出版社，2020.4（2021.11 重印）
ISBN 978-7-5639-7402-3

Ⅰ．①高… Ⅱ．①李… Ⅲ．①高等学校—档案管理—信息安全—研究 Ⅳ．①G647.24

中国版本图书馆 CIP 数据核字（2020）第 076647 号

高校档案管理与信息安全研究

GAOXIAO DANGAN GUANLI YU XINXI ANQUAN YANJIU

著　　者：李　扬
责任编辑：李倩倩
封面设计：点墨轩阁
出版发行：北京工业大学出版社
（北京市朝阳区平乐园 100 号　邮编：100124）
010-67391722（传真）　bgdcbs@sina.com
经销单位：全国各地新华书店
承印单位：三河市腾飞印务有限公司
开　　本：710 毫米 ×1000 毫米　1/16
印　　张：9.75
字　　数：195 千字
版　　次：2020 年 4 月第 1 版
印　　次：2021 年 11 月第 2 次印刷
标准书号：ISBN 978-7-5639-7402-3
定　　价：48.00 元

前　言

在现代网络信息技术的发展潮流之下，大部分高校的档案管理也都向着现代化和信息化的方向前进，原来单纯的人工管理模式已经朝着数字化的模式发展，高校的档案也得到了更广泛的应用。但是这种新的应用模式存在的风险也逐渐显露出来，如果发生的一些安全问题得不到解决，就可能产生很大的信息资源方面的损失，安全风险管理的加强非常必要。

本书共六章，第一章为档案管理的基本理论，具体内容包括文件生命周期理论、来源原则、档案鉴定理论；第二章为档案的整理，具体内容包括档案整理工作概述、区分全宗、全宗内档案的分类整理、档号和立档单位与全宗历史考证；第三章为高校档案概述，具体内容包括高校档案的含义、特点、意义与价值，高校档案的基本内容，高校档案的作用，高校档案的管理制度；第四章为高校档案的管理，具体内容包括高校档案管理体制、高校档案运行机制、高校档案管理模式、高校档案建设与管理；第五章为高校档案信息化管理，具体内容包括高校档案信息化管理概述、高校档案信息化管理的途径、高校档案信息化管理的创新策略；第六章为高校信息资源安全管理，具体内容包括高校信息资源安全概述、 高校信息资源安全的系统管理、网络资源与网络安全管理。

另外，笔者在撰写本书时参考了国内外同行的许多著作和文献，在此一并向涉及的作者表示衷心的感谢。由于笔者水平有限，书中难免存在不足之处，恳请读者批评指正。

目 录

第一章　档案管理的基本理论

档案管理基本理论又称档案管理理论，是关于档案管理活动的总体性、宏观性理论问题和档案管理基本方法、原则的理论探讨，主要包括文件生命周期理论、来源原则、档案鉴定理论等内容。

第一节　文件生命周期理论

文件生命周期理论是文件管理理论的核心部分，也是西方现代档案学理论的重要组成部分。它研究文件从形成到最终销毁或永久保存的整个运动过程，研究文件属性与人的主体行为之间的关系，是对文件产生、运动变化过程和规律的客观描述和科学抽象。

一、文件生命周期理论的基本内容

“文件生命周期”是指“文件从其形成到销毁或永久保存这一整体运动过程的时间跨度”。美国前国家档案与文件局局长詹姆斯·B. 罗兹认为：“文件生命周期是指从文件的产生经过作为履行组织职能的工具进行活动和工作的阶段，一直到其现实效用的消失，或者当其全部使用目的已经达到时，对其进行销毁，或者因为它们具有值得永久保存的价值，而把它们作为档案，赋予新的任务的整个周期。”文件生命周期理论的基本内容主要可概括为三点。

（一）文件运动的整体性

文件从其形成到最后销毁或作为档案永久保存是一个完整的生命过程。这一基本点包括两层含义。

第一，这里的文件是一个广义概念。目前中外档案界提出的文件定义多种多样，归纳起来有狭义和广义之分。狭义的文件特指现行文件，即正在承办或现行处理的文件。当文件办理完毕或是针对的活动结束后，文件使命即告结束并转化为档案。狭义文件观的特点是强调文件与档案是不同性质的事物，是并列的同一层次的概念。而文件生命周期理论则认为文件是一个广义概念，泛指人类社会实践活动中直接产生和使用的一切信息记录，无论其载体形式和记录方式如何。与狭义文件观相反，文件生命周期理论把文件视为一个集合概念，强调现行文件和历史档案都只是广义文件运动过程中某一特定阶段的代称，都是广义文件的组成部分。

第二，文件运动现象如同生命现象一样，从其最初产生到最终归宿是一个完整的运动过程。文件生命周期理论从运动的角度出发，指出文件的生命过程往往是文件最初由形成者产生、保管和频繁利用，然后由于文件对形成者的偶尔作用或潜在历史价值送到组织内部的档案室或组织外的文件中心保存一定时期，最后当文件的现行价值完全丧失后，除具有档案价值的文件移交到档案馆永久保存外，其他的一概销毁。同时，这一发展过程是连续统一的，所谓现行文件和历史档案只是同一事物的不同运动阶段而已。

这里需要明确什么是文件运动？文件运动源于文件生命，只有拥有生命的文件才能运动，文件丧失生命也就丧失了运动，或者说该文件已无运动可言。因此，考察文件是否存在运动或说文件能否运动首先在于考察文件是否拥有生命，文件运动与文件生命紧密相连、息息相关。我们常把文件运动与文件生命连在一起表述，说成文件生命运动或文件运动生命，其理由就在于此。所以，文件运动理论研究中的“文件运动”不是指有形的物质运动，即不是指文件的移交、保存地点的变化等的位移运动，而是指由于文件能够呈现价值或说由于文件拥有生命而导致的抽象的无形的运动形式，是概念性的。文件如果始终不移交、保存地点一直不变，即文件始终不发生位移，但文件照旧可按自身规律运动着。如果文件能够呈现的价值类型不发生变化，或说文件在某一时空范围内始终呈现出同一种价值类型，那么，我们就说该文件的运动状态没有发生变化，或说该文件始终处在同一种运动状态中。只有当文件呈现的价值形态发生变化时，文件运动状态才发生变化，文件从一种运动状态跨入了另一种运动状态。因此，文件运动状态的变化是由时空的变化、客观主体的需要对文件客体肯定关系的变化所致的，文件运动状态与文件价值类型相对应。

（二）文件运动的阶段性

根据文件在其整个生命过程中先后表现出的不同价值形态可将文件运动划

分为几个不同的运动阶段。这一基本点包括下列三层含义。

首先，文件的整体运动过程具有阶段性特征。文件运动阶段同文件运动状态一一对应，文件处在同一运动阶段表明文件处在同一运动状态，只有当文件运动状态发生变化时，文件才从一个运动阶段跨入另一个运动阶段。在文件生命运动全过程中文件的运动状态会发生若干次变化，因而也就呈现为若干个运动阶段，文件运动理论既注重文件运动的整体性，也注重文件运动的阶段性。

文件生命周期理论认为，文件从形成到销毁或永久保存的整体运动过程并非一成不变，相反呈现出明显的阶段性变化。中外基于国情和文档管理体制的差异或观察问题的不同角度，对文件运动过程进行略有区别的阶段划分：有的从文件运动形态的角度分为现行、半现行和非现行三个阶段；有的从文件保存场所的角度分为在承办单位存留、在中间档案馆存留和在总档案馆永久保存三个阶段；有的从文件运转流程的角度分为文件的产生办理、现行利用、过渡保存和历史保管四个阶段；有的从文件管理程序的角度分为文件的形成、使用与管理、文件的处置、档案管理四个阶段；等。分法尽管不同，却共同反映出文件运动过程具有阶段性这一客观事实。

其次，文件运动过程的各阶段具有不同特点。如果将文件的运动过程统一划分为现行、半现行和非现行三个阶段，则各阶段各有特点。

最后，引起文件阶段性变化的根本原因是文件价值形态的规律性变化。一般来说，文件的价值就是客体（文件）对主体（利用者，包括形成者和非形成者）需要的满足。包括第一价值和第二价值。这两种价值形态在文件运动过程中的变化具有规律性，文件从产生起首先具有第一价值，然后才有第二价值，并且第一价值逐步减弱，第二价值逐步显现。文件的价值形态变化贯穿于文件的整个运动过程，它是决定各阶段文件不同特点的最根本因素，从而导致了文件的阶段划分。

（三）适宜的存放地点和管理方式

文件在每一个阶段的特定价值形态对应于不同的服务对象、保存场所和管理方式。

二、学习文件生命周期理论应注意的几个问题

①大小文件观念不要混杂在一起，否则就有可能产生诸如“文件生命周期理论只揭示和描述了文件的生命周期，它并没有揭示和描述档案生命周期的内容”“所谓档案生命周期就是指现行文件在完成其现行使命后，从转化为档案开始的整个生命运动的全过程”。②文件运动阶段与文件管理阶段不要混淆，

更不能以文件管理阶段来代替文件运动阶段，二者有时是对应的、一致的，有时是错位的。③文件生命周期的阶段划分问题。文件生命周期不应包括文件的设计制作阶段，因为此时文件价值还未呈现出来，应划分为三个运动阶段。以文件实际呈现出的价值形态为标准（不能以概念性的价值类型为划分标准）来划分文件运动阶段，这是科学的划分方法。文件运动阶段与文件运动状态、文件实际呈现出的价值形态一一对应。④文件生命周期理论的普遍性问题（只与文件客体自身属性相关，与国家制度、文件类型、所用载体类型均无关），不因其源于西方而拒绝接受。⑤文件中心与文件生命周期理论的辩证关系。⑥文件生命周期理论对我们的最大启示：系统思维。我国档案形成与运动规律的理论研究表明："任何档案，都是这样适应组织工作和生产活动的客观需要形成的，不是人们凭主观愿望可以任意编写的，更不是由档案人员的什么要求而产生的""由文书部门或有关人员立卷归档形成档案开始，经过档案室，最后集中到档案馆，这就是档案形成与运动的过程。"我国文件与档案管理过程也明显体现和反映出三个阶段特征（实质是两个），以存放地点和管理方式为文件运动阶段的划分标准，也反映出每一阶段内各要素间的密切联系。文书工作（现行文件管理）与档案管理工作一分为二，分开进行。⑦文件中心不是现行文件利用中心，它有约定俗成的含义，现行文件利用中心不能简称为文件中心。⑧中外文件与档案概念的不同不应成为接受文件生命周期理论的障碍。⑨并非每一份文件都必须划分为上述这样三个阶段，否则每一份都应永久保存。

三、文件生命周期理论的重要意义

西方档案学者把文件生命周期理论与来源原则并称为现代档案学的基本理论，将其视为档案人员参与现行文件管理的理论依据。他们认为，文件生命周期理论是现代档案学成熟的重要标志，具有里程碑意义。文件生命周期理论的重要意义可主要概括为以下三个方面。

第一，文件生命周期理论准确地揭示了文件运动的整体性和内在联系，为文件的全过程管理奠定了理论基础。

文件生命周期理论表明，文件从最初产生到最终销毁或移交档案馆永久保存是一个连续发展的完整运动过程，这一整体过程尽管由于文件价值形态的变化表现出明显的阶段性特征，但各阶段之间存在紧密联系。这种联系表现在三个方面：一是各阶段文件的内容完全相同，从现行文件过渡到档案，记录的内容没有变化；二是各阶段文件的物质形态完全相同，从现行文件过渡到档案，物质载体和记录手段也没有变化；三是各阶段文件的基本属性相同，从现行文件过渡到档案，始终是一种原始性的信息记录。以上三点共同性表明，各阶段文件虽具有各自不同的价值形态，对社会具有不同的具体作用，但这只不过是同一事物的不同发展阶段，就像人的一生分幼年、少年、青年、中年和老年等几个不同生命阶段一样。

文件生命周期理论通过准确揭示文件运动的整体性和内在联系，启示人们必须尊重这种整体性与内在联系，并对文件的完整运动过程实施全面和系统的管理，以使各阶段的文件都得到恰当有效的控制。因此，文件生命周期理论为文件的全过程管理奠定了坚实的理论基础。

第二，文件生命周期理论准确地揭示了文件运动的阶段变化，为文件的阶段式管理奠定了理论基础。

文件生命周期理论在强调文件运动整体联系的同时，也准确地揭示了文件整体运动过程的阶段性变化，指明各阶段的文件由于价值形态的变化而导致了服务对象、保管场所和管理方式等方面表现出明显的差异。它要求人们必须尊重各阶段文件的区别，针对价值形态的变化，对文件整体运动过程实施阶段式管理，从而为各阶段文件找到最适宜的保管场所和管理方法。中外文件管理实践已充分证明了文件生命周期理论的科学性。

特别是国外近几十年非常盛行的文件中心就是文件生命周期理论应用的最佳例证。在文件经历的现行、半现行和非现行三个阶段中，现行文件由组织内部保存，由制作或承办人员负责管理，而非现行文件中显现出第二价值的部分移交到档案馆永久保存，已经成为中外的共同做法。只是对半现行文件的管理，中外似乎略有区别。我国大多是设立组织档案室作为保管机构，由组织档案人员负责管理；而国外大多数国家效仿美国建立了文件中心或类似机构。组织档案室与文件中心确有一定区别，前者往往是组织内部机构，而后者往往独立于组织之外。但实际上，组织档案室与文件中心的性质和基本功能没有根本区别。从文件运动规律看，半现行文件尽管因第一价值逐渐衰退使组织对其利用逐步减少，但因第二价值尚未得到检验又不宜过早销毁或被移交到档案馆。此时需要一种具备两种基本功能的过渡性保管机构：一方面继续发挥半现行文件的第一价值，为组织服务；另一方面又检验文件是否具有第二价值，为移交档案馆做好准备。显然，组织档案室与文件中心都具备上述两种基本功能，都是介于组织与档案馆之间的过渡性机构。而且这种性质与功能不会因为一个设在组织内一个设在组织外就发生改变。文件中心之所以独立于组织之外，主要是因为美国组织没有内设文档管理机构的传统，花费大量人力物力资源保管利用率较低的半现行文件被组织视为浪费，经济实用的文件中心恰好满足了组织低成本、高效率的需要，因此文件中心才能在美国普及并在全球推广。

文件生命周期理论通过揭示文件运动阶段性的客观存在，启示人们针对文件的不同特点进行分阶段管理是一种必然结果，而且各国在同一阶段文件的管理上，即使管理机构的名称、设置形式、隶属关系等千差万别，但其性质和基本功能始终是“万变不离其宗”。因此，文件生命周期理论为文件的阶段式管理奠定了坚实的理论基础。

第三，文件生命周期理论准确地揭示了文件运动过程的前后衔接和各阶段的相互影响，为实现从现行文件到档案的一体化管理，为档案部门或人员对文件进行前端控制提供了理论依据。

文件生命周期理论表明，从现行文件到档案是一个连续统一、前后衔接的运动过程。它要求必须把从现行文件到档案的管理看成一个系统工程，采取统一的工作制度、程序和方法来控制各有特点却始终相互关联和前后衔接的整体过程。换句话说，就是不能再将现行文件管理与档案管理视为各自独立、互不关联的两个系统，而应使这两个管理系统，从组织制度、管理方式到工作程序都实现真正的交融和统一。只有这样，才能实现从现行文件到档案的一体化管理。特别需要指出的是，仅仅着眼于现行和半现行阶段的一体化管理还不够全面，只有对文件从组织到档案室（或文件中心）再至档案馆的运转流程实现全面控制和统一管理，才能真正具备一体化管理的科学含义。

文件生命周期理论还表明，现行文件的管理质量直接决定着档案管理的成败。它要求档案部门或人员必须积极进行文件的前端控制，从而确保档案自身及管理质量，避免重复劳动。进一步而言，档案部门或人员对文件实行前端控制，本身就是现行文件和档案一体化管理的实现途径和重要体现，可以消除因现行文件管理不善而导致档案部门得不到完整档案的弊端，也可以避免因现行文件管理质量低劣而导致档案人员重新整理的不必要浪费。特别是当前随着电子文件的更多涌现，强调档案部门或人员实行文件的前端控制有着特别重要的意义。因为电子文件具有“载体无形化”的特征，假如档案部门或人员不及时予以有效控制，文件可能就会“转瞬即逝”，造成档案馆根本得不到档案而出现馆藏枯竭的严重后果。

文件生命周期理论通过揭示文件运动过程的前后衔接和相互影响，启示人们重视对文件从产生直至最终进馆的全方位管理，促使档案部门或人员大胆地发挥对现行文件管理的正面影响，确保档案管理的延续性和科学性。因此，文件生命周期理论为从现行文件到档案的一体化管理、为档案部门或人员对文件进行前端控制提供了有力的理论支持。

第二节　来源原则

来源原则又被称为全宗原则，是当前世界各国公认的档案整理理论原则。国际档案理事会最新修订的《档案术语词典》将来源规定为“向文件中心或档案馆移交文件之前，在事务活动过程中形成、保管或利用文件的组织或个人”。显然，来源就是通常所说的档案形成者，包括组织和个人。据此，来源原则指的就是档案馆按照档案的来源进行整理和分类，要求保持同一来源的档案不可分散、不同来源的档案不得混淆的整理原则。

一、来源原则的基本内容

来源原则是世界各国公认的档案整理理论原则。来源原则在不同国家表现的模式尽管略有差别，但这并不妨碍各国对来源原则核心思想或者说基本内容的理解和认同。我们认为，来源原则的基本内容可以归纳为三个基本点，即尊重来源、尊重全宗的完整性、尊重全宗内的原始整理体系。

（一）尊重来源

尊重来源是来源原则的第一层内容，含义是指档案馆首先应按照来源标准整理档案，保持档案与其形成者之间的来源联系。

档案作为组织或个人在社会实践活动中直接形成的产物，在产生和处理过程中会形成多方面的历史联系，诸如来源联系、时间联系、内容联系和形式联系等。其中档案与形成者之间的来源联系是首要联系，也是最根本的联系，因为只有在明确档案形成者的前提下，揭示档案的内容、时间和形式联系才有意义，才能全面深刻地反映形成者的活动原貌。假如割裂来源联系，其他联系的科学性就无法保证。来源原则之所以取代事由原则，最根本的原因就是它认识并承认了来源联系的首要地位，因此要求对进馆档案首先按照来源而不是内容区分全宗。实践证明，馆藏来源众多的档案馆只有首先划清来源的界限，才能将档案与其特定形成者及其活动对应起来，确保档案作为原始记录这一本质属性。可见，在档案管理中尊重来源、保持来源联系是档案本质属性的必然要求。

（二）尊重全宗的完整性

尊重全宗的完整性是来源原则的第二层内容，含义是指一个全宗是有机整体，整理档案必须维护全宗的完整性，同一全宗的档案不可分散，不同全宗的档案不得混淆。来源原则以尊重来源为基础，又进一步提出了尊重来源的实现途径——全宗。来源原则指出，同一来源的档案组成一个全宗。全宗是特定机构和个人活动中形成的档案整体，这一整体具有内在的有机联系。整理档案必须尊重全宗的独立性和维护全宗的完整性。这就要求在档案馆内每一个全宗都应独立保存，同一全宗的档案不能分散和割裂，不同全宗的档案也不能混杂在一起。如果做不到这一点，档案与其特定形成者之间的来源联系势必遭到破坏，不仅档案形成的本来面目无法恢复和保持，档案所记录的历史事实的真实面貌也难以维护。

（三）尊重全宗内的原始整理体系

尊重全宗内的原始整理体系是来源原则的第三层内容，其含义是指全宗内的档案整理必须充分利用原有的整理基础，尊重全宗在形成组织时获得的原始整理顺序和方法，不宜轻易打乱重整。

一般来说，全宗在形成组织时都是经过一定整理的，形成了较为固定的原始整理顺序和标记。这种原始整理体系也是全宗有机整体性的一个重要表现，尊重这一体系同样也是尊重全宗完整性的重要体现。来源原则对全宗内原始整理体系的认识经历了一个深化过程，起初法国尊重全宗原则还要求打破这一体系，对全宗内的档案重新按照内容整理；后来德国登记室原则提出了尊重原有次序的思想，成为来源原则尊重和维护全宗内原始整理体系的开端。实践证明，组织的文书和档案人员对档案的形成过程和特点最为了解，他们构建的原始整理体系能够最大限度地揭示档案形成的历史联系和历史原貌。因此档案馆对全宗内档案的整理应充分利用原有基础，这样不仅可以避免重复劳动，而且有利于保留档案形成和整理的本来面目，更好地实现档案作为社会实践活动原始记录的功能。可见，尊重全宗的原始整理体系同样是档案本质属性的必然要求。

综上所述，来源原则的三个基本点是紧密联系、层层递进的。尊重来源是基础，尊重全宗和尊重全宗内的原始整理体系都是尊重来源的重要体现和延伸。

二、来源原则的重要意义

来源原则从20世纪初起就被国际档案界公认为档案管理的基本原则，它的生命力在世界各国普遍接受和丰富发展的过程中得到了充分验证。

（一）来源原则体现了档案形成的历史联系

来源原则要求按来源划分档案实体，以保持档案实体的有机联系。因为每份档案都不是孤立的，只能作为一个档案实体的一个组成部分而存在。为了弄清楚一份档案有无重要意义，必须确切知道该文件是由谁产生的、在什么环境下产生的等。这就要求把该档案与有关档案保存下来，只有遵守来源原则，才能确切了解档案之间的关系，从而保持其固有的历史联系。

（二）来源原则成为档案整理与分类中的至善原则

来源原则规定同一全宗的档案不得分散，其实质就是要保证档案与其形成者之间对应关系的唯一确定性。档案作为特定形成者活动的直接产物，只有将同一形成者的档案集中保存，才能全面、真实地反映该形成者活动的历史原貌，否则就会破坏档案形成过程和特点的客观真实性。因为既然档案是一种原始的历史记录，那么按照档案形成的本来面目去管理它们，才是对历史的忠实反映和有力维护。

来源原则的优点：①有利于保护档案的完整；②有助于说明档案的重要性；③在档案的整理、编目和提供利用方面为档案工作者提供了经济可行的指导方针。可见，来源原则遵循了档案本质属性的要求，从根本上找到了使档案管理不同于图书和资料管理的独特方法，被认为是档案整理与分类中的至善原则。因此，来源原则才会在世界各国广为传播和应用。尽管它在实践发展中可能会遭到质疑和批评，但这些批评只是涉及来源原则的运用，并未涉及原则本身。可以说，只要档案的本质属性不变，来源原则的核心地位就不会发生根本动摇。

（三）来源原则既不是一种纯观念性的抽象信条，也不是一种纯实践性的操作经验，而是兼具理论性和实践性的管理思想和原则

因为来源原则是基于档案实体管理的需要产生的，从一开始就表现出明显的实践操作性。首先，全宗是一个内涵与外延都很明确的概念，组建标准也很确定，因此全宗本身在实践中很容易界定和把握。其次，全宗不容分散和混淆的原则在实践中也很容易操作和实施。可见，全宗的确定和全宗思想的贯彻都具有充分的实践基础，这就决定了来源原则不是一种纯观念性的抽象信条。

同样，来源原则也不是一种纯实践性的操作经验。来源原则的价值不仅仅是在实践中组建成一个个实实在在的全宗就万事大吉了。相反，来源原则的核心思想已经超越了全宗这一层次，贯穿到了上位的更高层次或下属的更深层次。因为它强调的历史主义思想，一方面导致了国家档案全宗、全宗群等概念的提出，另一方面又使得各国对全宗内的档案分类大多采用“机构”或“年度”等历史性标准而较少采用“问题”等逻辑标准。因此，来源原则已经成为指导上至国家档案宏观管理、下至全宗内档案微观分类的一种理论原则。不仅如此，

来源原则的核心思想还超越了档案整理这一环节，扩展到保管、编目、利用、统计等诸多领域，成为档案管理的一种指导思想。

由于来源原则集理论性与实践性于一体，因此国外档案学者将它的理论意义和实践价值精辟地概括为三点：来源原则是档案整理原则，因为它确立了档案实体整理和分类的基本单元；来源原则是档案馆组织原则，因为它划清了档案馆与图书馆的界限，从根本上保证了档案专业的独立性；同时来源原则还是档案理论研究的原则之一，因为它促使研究者深入挖掘档案的历史形成过程和有机联系，有助于揭示档案的来龙去脉，保持历史的本来面貌。

（四）来源原则在电子文件时代仍然是档案管理的基本原则

自 20 世纪 70 年代开始，受信息技术革命的影响，特别是机读文件的日益增多，使得一些档案人员开始过多关注文件的信息内容，而相对忽视文件的来源联系，并进而怀疑来源原则是否还适用于机读文件这类新型文件的管理。但这种怀疑到 80 年代中期却被否定，以 1985 年莱特和比尔曼发表的著名论文《来源原则的力量》为起点，至 90 年代欧美档案界重新认可来源原则在现代文件特别是电子文件管理中的重要指导意义，即无论是现在还是将来，电子文件的管理以及应付电子时代档案管理的诸多挑战都不能抛弃来源原则，相反只能更多地依赖来源原则。这就是“来源原则的重新发现”。

这种“重新发现”是以传统来源概念转变成“新来源观”为基础的。传统的来源一般指文件的形成者，往往是一种实实在在的机构来源或个人来源，这种来源概念显然已难以适应现代机构急剧变动和电子文件形成方式的特殊性，因而迫切需要从新的视角重新认识来源的含义。

概念来源虽不及传统实体来源那样直观明确易于为人把握，但它已深刻地揭示了实体来源表象背后的一些更为本质的因素，即文件是由谁、因何目的、在何条件下、运用哪些数据、采用何种结构形成的，档案的管理过程中如果把握了这些本质因素，就可以从容应付因现代机构变动频繁和电子文件形成特殊性所带来的实体来源难以把握的难题，有效地管理档案。

我国一些学者也认为来源原则在电子时代有更广泛的实践意义。例如，冯惠玲认为来源原则对电子文件的检索、鉴定、整理以及确认电子文件的凭证价值都有重要作用。王健也认为电子时代来源原则仍具生命力，并提出来源原则应战电子文件的三条对策：一是改进技术手段，引进电子信息系统；二是制订计算机辅助文件管理计划；三是实施电子文件管理战略。

第三节　档案鉴定理论

档案鉴定一般是指对档案真伪和档案价值的鉴定。而经常的业务工作是指对档案价值的鉴定，也就是鉴别和判定档案的价值，挑选出有价值的档案交档案机构保存，剔除无保存价值的档案予以销毁。它直接决定着档案的存毁，是档案管理中最重要同时也是难度最大的一项工作。因此受到世界各国档案界的高度重视。档案鉴定理论的基本内容主要有三个方面，即对档案价值的认识、对鉴定原则的规定和对鉴定标准的制订。

一、档案价值

各国档案鉴定理论对档案价值的认识基本达成了共识，即大多认为档案价值由两个方面的基本因素构成：一是档案自身的特点，包括其内容、来源、形式等方面的特点；二是社会对档案的客观利用需求。换句话说，档案价值就是档案满足利用者需求的一种关系及其程度。

这两种因素各有特点，对档案价值的影响也各不相同。档案自身的内容、来源和形式特点具有明显的确定性和稳定性，一经产生就不再改变，因此是档案价值的基础。而社会对档案的利用需求具有很强的不确定性和不稳定性，始终处在不断的发展变化之中，因此成为档案价值的主要决定因素。这也就决定了档案鉴定的着眼点表面上看是档案自身，实际上却是社会需求。因为鉴定的实质就是人们根据社会需求的变化去判断和预计档案价值与社会需求之间的吻合程度。

这两种因素在决定档案价值的过程中也是相互作用和相互依存的。档案客体是档案价值的物质承载，假如离开档案自身，档案价值就只能是空谈。同样，社会需求是档案价值实现的前提条件，假如脱离社会需求，档案价值也就无从谈起。因此在鉴定时，必须综合考虑这两种因素，才能使鉴定出的档案价值具有科学性和全面性。

二、鉴定原则

档案鉴定原则是根据档案价值的发展规律总结和提炼出来的一种工作原则，对鉴定实际工作具有普遍指导意义。

我国提出的档案鉴定原则的内容：从国家和人民的整体利益出发，用全面的、历史的、发展的观点来判定档案的价值。这一鉴定原则实际包含了两层含义：一是确立了档案鉴定的基本指导思想和出发点；二是确定了档案鉴定的三个基本观点。因此鉴定工作不能以个人好恶或小团体利益为准则，必须从社会的总体需求出发，合理地预测档案在社会中的作用。

就档案鉴定的基本观点而言，全面的观点要求全面分析档案的内容、来源和形式等各种因素以及档案之间的有机联系，全面预测社会多层次、多角度和多方面对档案的利用需求，并促使上述两方面有机结合。历史的观点是因为档案的本质就是历史记录，所以要求必须结合档案形成的历史环境和历史条件来分析其价值，不能超越时代界限，从现在的角度去看待过去的档案，只有这样才能维护历史的本来面目。发展的观点要求尊重档案价值的发展特点和规律，用发展的眼光来衡量档案价值，既要看到档案当前的作用，也要看到它对未来可能具有的作用。

三、鉴定标准

与鉴定原则相比，鉴定标准是确保鉴定工作质量的具体手段，也可以看成对鉴定原则的具体化，因此更具有操作性。概括起来，中外档案鉴定理论制订的鉴定标准主要涉及以下五个方面。

（一）档案的来源标准

这里的来源通常是指档案的形成者，形成者在社会上或组织中的地位、作用和职能直接影响甚至决定着档案的价值。因此，职能标准可包含在来源标准之中。假如档案的来源不明确，档案的作用和意义就很难确定。在鉴定工作中，来源标准的运用具有层次性，它在上至整个国家下至组织内部都可以发挥影响力。

从国家范围来讲，来源标准通常就是国家各级档案馆确定收集范围的基本依据。对于某一特定组织来说，区分不同来源就是鉴定工作的首要步骤。本组织的档案通常需要重点保存，外组织的来文价值就需要根据来文组织的地位、职能以及与本组织的关系再做具体判定。具体到组织内部，不同的撰写者和制发机构也会对档案价值产生不同影响。主要职能部门或人员形成的档案往往比一般事务部门人员的档案价值相对要高。

（二）档案的内容标准

社会对档案的需求集中反映在对档案内容的需求上，因此内容标准是档案鉴定最重要的依据。一般而言，鉴定时主要应依据档案内容的重要性、真实性、客观性、独特性、时效性等因素进行价值判断。具体来说，档案记录事实的重要程度越高、典型性越突出、真实与客观程度越高，档案的价值就越大；档案内容越新颖独特，或者越富于本组织特色，档案的价值也就越大。此外，档案内容的时效性也会影响档案价值的大小。

（三）档案的形式特征标准

档案的形式特征通常是指档案的名称、形成时间、载体形态和记录方式等。这些形式特征在某种情况下可能会对档案价值产生一定影响。确切地说，档案的名称（即通常所指的文种），具有特定的性能和用途，往往在一定程度上反映了档案价值的大小，诸如决定、决议、指示、条例等文种具有较大价值，而诸如通知、简报等处理一般事务的文种价值较低。形成时间越久远的档案无论其内容重要与否，大多具有相对较高的历史价值。档案的形成时间还与其历史环境密切相关，重要历史时期产生的档案通常价值较大。档案在撰稿、印制的过程中往往会形成各种稿本，包括草稿、定稿、正本、副本、底图和蓝图等，不同的稿本在行政效用和凭证作用上存在区别。一般来说，正本的行政价值最大，而定稿的凭证价值最大，一般被认为是纯粹意义上的档案。另外，档案的外形特点，诸如档案的载体材料、记录方式以及档案上的字体、笔迹和图案等标记或印记，也会影响档案价值的高低。档案因此可能具有文物价值、艺术价值或纪念价值等。

（四）相对价值标准

相对价值是指被鉴定的档案与其他档案相比较而存在的价值，在一定情况下，某些档案的保存价值可以相对提升或降低。档案馆（室）之所以需要运用相对价值标准，主要是为了有效地控制馆（室）藏档案的质量和数量。一般来说，判断相对价值的高低主要依据档案群体的完整程度。因为档案具有明显的群体性，档案个体只有放在与其紧密联系的群体中才能称得上是严格意义的档案，也才能真正实现档案的价值。档案鉴定虽然都是针对单份文件或案卷个体，但实际上还必须考虑档案群体的数量和完整程度。现实中的一般规律是档案个体的价值大小与其群体数量和完整程度成反比。也就是说，某一全宗的档案数量越多，完整程度越高，档案个体的价值相对越低；相反，全宗的档案数量越少，完整程度越低，档案个体的价值相对越高。因此，根据这一规律，档案鉴定不能只着眼于档案个体本身，还应综合考虑档案全宗的完整程度。

（五）效益标准

效益标准是近些年来欧美档案学者提出的一个新的具有实用性的鉴定标

准。对这一标准的理论认同和实践接受经历了一个发展过程。早在 20 世纪 40 年代，美国档案学者波尔就指出保管费用是档案鉴定的三要素之一。当时他这种观点遭到理论界的批评，被认为过于实用主义。在进入 60 年代之后，情况发生了变化。美国档案界开始接受并倡导注重效益的鉴定标准。如档案学者布里奇弗德提出档案鉴定应考虑保存和处置的费用；档案学者菲利普认为严格而实用的费用核算是所有例行鉴定工作的必要条件，价值必须同费用放在一起权衡。后来，欧洲国家也接受了鉴定的效益标准。英国档案学者迈克尔·库克指出，鉴定中必须考虑的一个因素就是费用。效益标准的提出和接受，反映出人们不再局限于从档案客体和社会需求两方面寻求依据，是鉴定标准日趋实用化的重要表现。我国近年来也提出了效益标准，认为鉴定档案价值必须考虑投入产出比，只有当档案发挥的作用可能超过因保存它所付出的代价才判定它有保存价值。同时认为这种效益包括经济效益和社会效益两个方面，鉴定时必须两种效益并重。

与前四种比较成熟的鉴定标准相比，效益标准还存在一定的争议。客观地说，效益标准固然有其道理，但偏颇之处也很明显。第一，它与档案自身价值和社会需求不是一个逻辑层面的问题，不能相提并论；第二，这种算账式的做法在现实中较难实现，档案的未来价值效益在被保存前很难预知，只有保存后才可能知道，而知道了其效益后再与保管费用作比较则已经太迟；第三，档案的价值效益与保管费用性质不同，二者本质上没有可比性。

第二章　档案的整理

第一节　档案整理工作概述

档案整理是档案实体整理和档案内容整理的统称，是档案管理的一项重要内容。档案内容整理，主要包括对档案内容真伪的鉴别、对档案内容客观性的考证及编纂出版档案史料等活动。档案实体整理，主要包括对零散的和需要进一步条理化的档案进行系统化处理，使之便于管理和利用，为档案工作的顺利开展打下基础。本章主要研究档案实体整理。

一、档案整理工作的目的

档案整理的目的，是将处于零乱或零星状态，需要进一步条理化的档案，进行分类、组合、排列和编目，使之系统化，以便于档案的管理和查找利用。

（一）管理上的需要

所谓管理上的需要，主要有两个方面的要求：一是便于档案在库房内的存储和利于档案“寿命”的延长；二是便于管理人员掌握库内情况，方便档案的管理、提取和存放。我们知道，档案管理部门所保存的档案，无论在数量上，还是在内容上，都大大超过各个有关的业务部门，尤其是档案馆，被人称为“文件的海洋”。对于如此浩瀚的档案，如果不整理得井井有条，排列有序，管理人员就无法了解馆藏情况，就不可能知道什么档案存放在什么地方，难以实现档案工作的目的。同时整理后的档案，由于在档案保管价值和制成材料上进行了区别，也便于为对不同保管要求的档案提供不同保管条件打下良好基础。

（二）对外服务的需要

满足社会各个部门对档案利用的需要，是档案工作的主要目的。能否及时准确地为用户提供库房内所存的档案，关键在于档案的整理及档案库房组织排列。如果整理得不好，条理不清楚，分类不准确，排列无秩序，管理人员就不可能及时地找到用户所需的档案。

整理工作是档案管理工作的一个重要环节，它直接影响着其他环节的开展，是关系到档案工作效率的大问题，也有人把整理工作称为档案管理的基础。

二、档案整理工作的基本内容

档案整理工作分为国家机关、社会组织档案室的整理工作和综合（或专业）档案馆的整理工作。其内容主要有区分全宗，全宗内档案的分类，文件的归类、组卷，案卷（件）的排列、装订，编制案卷（件）目录和编写全宗历史考证等。由于各单位保存档案范围和档案工作基础与条件的不同，所以各档案部门在对档案进行整理时面临的任务、要求和做法也有所不同。一般来讲，目前在我国档案整理工作中存在以下三种情况。

（一）全面整理

全面整理是指在整理的过程中，上述整理工作的内容都要进行，档案界称其为“全过程整理”。“全过程整理”在档案工作比较健全、档案工作开展得比较正常的国家机关、社会组织中出现的不多。它主要适用于对那些没有经过系统化处理或虽经过系统化处理，但无法进行正常管理和提供利用的档案的整理。这类档案包括：没有经过系统化处理的历史档案；原来进行过系统化处理，后又因某种原因被搞乱了的档案；单位档案工作开展得不正常，又积累了一定数量的未经过系统化处理的档案。

（二）局部整理

是指对那些已经收进档案馆（室），虽经过了系统化处理，但存在较严重的不合理部分，而这些不合理部分又直接影响着对档案的管理和提供利用的档案的整理。局部整理是对其不合理部分进行调整和修正，而不是“全过程整理”。局部整理是整理工作在长期实践所积累的经验和教训的基础上提出的。局部整理是避免在档案整理工作中出现“反复折腾”（在档案整理中，人们把发现原整理中有不合理部分的，就推翻原有整理结果，重新进行全面整理的现象称为“反复折腾”）现象的有效方式，也是档案整理原则“充分利用原有基础”的具体体现。这样做，既省时、省力、省财，又有利于对档案的保护。

（三）指导性整理

目前，对档案进行指导性整理存在于我国大部分档案部门。指导性整理中所讲的“整理”，实际上不在档案部门进行，而是在文书或业务部门进行。因为《中华人民共和国档案法实施办法》（以下简称《实施办法》）第十二条规定：“按照国家档案局关于文件材料归档的规定，应当立卷归档的材料由单位的文书或者业务机构收集齐全，并进行整理、立卷，定期交本单位档案机构或者档案工作人员集中管理。”根据这一规定，各单位应建立健全文书和档案工作制度，做好档案的整理归档工作。根据《实施办法》的规定，档案部门的职责之一就是对本单位文书或业务部门的档案整理工作进行业务指导，以保证归档文件的质量符合档案整理的要求。档案工作者把对文书或业务部门的这种指导称为对归档文件的指导性整理，简称“指导性整理”。对档案进行全面性整理，在现在的档案部门是不多见的，但局部整理和指导性整理却是以全面整理的理论和技能为基础的，所以掌握这方面的理论与技能是档案工作者必须具备的知识。本章我们将以全面整理为主来研究档案整理工作中的各种问题。

三、档案整理工作的原则

档案整理工作要想达到目的，就必须遵守一定的原则。从以往的经验看，这些原则可以概括为以下几个方面。

（一）必须保持文件之间有机的历史联系

我们知道，档案是各项社会活动的真实记录。虽然活动不同，又都有自己的工作任务和对象，但彼此之间是有联系的，或是直接联系，或是间接联系。活动后所留下的历史记录，也必然会反映出这种联系。我们讲文件之间的历史联系，指的就是社会活动之间的这种必然联系。而文件的形成规律，也正是社会活动的规律在文件形成时的反映，两种规律是一致的。

在档案整理过程中，为什么需要提出遵循文件的形成规律，最大限度地保持文件之间的历史联系呢？因为单一的一份文件，有时不能反映出某一活动的全过程，把一组彼此有联系的文件放到一起，按照形成的前后顺序排列起来，就比较完整而客观地反映出了某一活动的实际情况。平时，我们常听人讲：单就某一方面的材料来看，还不足以证实某问题，讲的就是这个道理。所以遵循文件的形成规律，保持文件之间的历史联系，是对整理工作的基本要求之一，它直接关系到档案的利用效果。

文件之间的历史联系，通常反映在以下几个方面。

1. 文件在来源上的联系

文件在来源上的联系指的是产生文件的国家机关、社会组织或职能部门之间的工作联系在文件上的反映。这种联系反映了某一国家机关、社会组织内部组织间的相互关系或国家机关、社会组织之间的业务关系，反映了文件产生机构的工作性质和职权范围等。例如，请示和答复既是同一事务在不同机构内的反映，同时也反映了处理这一事务的组织之间的关系和职能，它们是不可分割的。如果打乱它们之间的联系，就反映不出问题的全貌。文件在来源上的联系，是整理工作中首先要考虑的联系。

2. 文件在时间上的联系

文件在时间上的联系指的是文件形成的时间阶段和先后顺序。一组文件的先后顺序，可能反映出这些文件的因果关系，也可能反映出文件形成者在工作上的各种关系和对问题处理的过程与结果。只有保持它们之间的这种联系，才能反映出当时的真实面貌。

3. 文件在内容上的联系

文件在内容上的联系指的是一组文件所反映的内容应是同一项工作或同一事件。例如，对国家工作人员情况的调查所形成的档案，几乎人人都有，而且要求、目的也大致相同，属于同一类材料，但每个人的情况，只能同他们自己相联系，相互之间不能随便联系，这就是文件在内容上联系的实例。

4. 文件在形式上的联系

文件在形式上的联系指的是文件在种类、载体材料等方面的联系。形式上的联系在整理过程中出现的情况是各不相同的，要根据情况而定。总的原则是，应尽可能把种类或载体材料相同的文件放在一起，以便保管。文件的各种联系从不同的方面反映了文件之间的关系。在整理时，要从多方面考虑保持文件的历史联系，遵循文件的形成规律。

（二）档案的整理要便于保管和利用

保持文件之间的历史联系，不是整理档案的目的。便于保管和利用，才是档案整理工作的基本出发点和最终要求。所谓“便于保管和利用”，是指对档案的整理，既要便于档案在库房的排序、存储和管理，又要便于保管人员对档案的提取和送还。整理档案是一项复杂而细致的工作。如果保持文件之间的历史联系同便于保管利用处理得不好，就可能产生矛盾。所以，不能机械地强调文件之间的联系，要充分考虑对档案的保管和利用。例如，机密程度和保管价值不同的档案，应根据情况分别整理，在相应的范围内保持文件之间的联系。

（三）档案的整理应充分利用原有基础

充分利用原有的基础整理档案，是档案部门多年来积累的经验，这样做，既有利于保持文件的历史联系，又可以提高整理质量和速度，尤其是保存数量较多的档案部门，更要慎重处理此事。

利用原有基础主要有两个方面的含义。第一，对原来整理过的档案，如果不是杂乱无章，无法查找，而是有规可循，有据可查，只是有些地方处理不合理，就不要打乱重来，要尽可能在原来整理的基础上，对不合理的部分进行调整、补救。这种情况在档案馆、室都存在，尤其是国家机关、社会组织的档案部门，更要利用业务部门整理的基础。第二，对原来整理中出现的不合理部分要进行充分研究，在真正弄清原来整理不合理的原因之后，再进行调整，因为不同时期对档案整理的要求不尽相同，历史上出现的问题，也许是有原因的，原因弄不明白，就着手整理，可能会出现“走回头路”的现象。

第二节　区分全宗

从档案整理工作的程序讲，全面整理的第一步工作就是区分全宗。但在基层档案部门和企事业档案馆中，全面整理一般是不进行区分全宗的。因为就全国档案的收藏情况来讲，基层档案部门和企事业档案馆都是以全宗为单位来对档案进行收存和管理的。档案整理原则中的“保持文件之间的历史联系”，在全宗中的体现就是“一个全宗内的档案是不可分割的”。为了更好地把这部分工作做好，有必要了解和掌握全宗原则。

一、全宗的概念

（一）全宗原则

全宗是档案工作的术语，其含义为：一个国家机构、社会组织或个人形成的具有有机联系的档案整体。全宗原则是 19 世纪西方国家的档案工作者提出来的，最初是法国的档案工作者，把同一个来源（即同一个单位）的档案的集合体称为一个全宗，并把它作为档案分类的重要原则应用于档案整理工作中，后来这一原则就在档案部门被广泛采用，并在实践中进一步地完善，形成了全宗原则（也有人称全宗理论）。

全宗原则的理论基础强调的是将同一来源的档案集中到一起，这同在整理时强调要遵循档案的形成规律，保持文件之间的历史联系是一致的。它是维护档案的系统性和完整性的基础。按照全宗原则进行系统化整理，有利于档案的整理和利用。

全宗是档案馆对档案进行全面整理时的第一层分类、管理单位。凡具有社会独立性的组织或个人，其形成的档案就可以构成一个全宗。这样的组织或个人在档案学术语中被称为立档单位或全宗构成者。确认全宗实际上要从组织或个人的社会独立性入手，用以确定组织或个人社会独立性的因素被称为全宗（或其立档单位）的构成条件。

（二）全宗的构成条件

1. 组织全宗的构成条件

全宗从其形成者角度看有组织和个人两大类。组织全宗是全宗的主体部分，在现实中占绝大多数。一个立档单位构成一个组织全宗的条件：①可以独立行使职权，并能以自己的名义对外行文；②是一个独立的会计单位或经济核算单位，自己可以编造预算或财务计划；③设有管理人事的机构或人员，并有一定的人事任免权。上述三个条件是统一和互相联系的，通常它们是有此即有彼的。但是，其中以独立行使职权并能以自己的名义对外行文为主要条件，而是不是一个独立的会计单位和有无人事任免权是参考条件。

确定一个单位能否成为立档单位，一般应从两个方面进行分析。①从其成立的合法性方面进行分析。例如，判断一个机关能否成为一个立档单位，主要应看这个机关是否依法成立，有无批文。判断一个企业能否成为一个立档单位，主要应看这个企业是否取得法人资格，是否属于独立经营的经济核算实体。企业法人的条件包括：第一，有完备的开业批准手续，在工商行政管理部门注册登记；第二，拥有相应的固定资产和流动资金；第三，在银行开设有账户，实行独立经济核算；第四，有基本的生产经营自主权，有权处理自身的债权、债务，能对国家和其他经济组织承担经济责任。某些企业（主要是大型企业）的部分下属二级单位，虽不是独立的法人，但在实际工作中经委托能相对独立地以自身的名义参与一定的经济活动，是相对独立的经济实体，并有一套相对完整的内部管理机构，在这种情况下也可将其作为单独的立档单位。②考察这些单位的文书处理工作和单位的名称等情况。一个独立行使职权并能以自己名义对外行文的单位，往往有自己的一套文书处理工作制度和法定的印信。而属于一个组织的内部机构，一般没有单独和完整的文书处理工作制度和法定的对外的印信，机构名称之前又往往冠以组织的名称。

当然，这些情况只是分析某单位是不是独立组织时的参考，不能作为确定立档单位的重要根据。

在分析和研究一个组织能否构成一个立档单位时，应当明确，组织的大小和档案数量的多少，一般并不影响其能否成为立档单位。有的单位也可能不完全具备上述三个条件，但它实际上却是一个独立的组织。或由于某种特殊需要，它所形成的档案也可以构成一个全宗，如妇联、工会等群众团体部门，它们没有专门的人事机构，也不是会计单位，但它们能独立行使职权，能以自己的名义对外行文，所以它们仍然是独立的立档单位。

2. 个人全宗的构成条件

个人全宗又称人物全宗。其构成条件：凡具有社会独立性的个人，其档案都可以构成一个全宗。但实际上并不是每一个具有社会独立性的个人的档案都能够成为一个有保存价值且在档案机构中实际保存的全宗。一般而言，个人的档案只有具备下列三个条件才能构成个人全宗。

只有那些对社会有突出贡献或重要影响的个人，其档案才可能成为一个实际的个人全宗。即只有名人的档案才可能成为个人全宗。

并不是所有的名人档案都可以构成个人全宗。像毛泽东、周恩来这样的伟人，其档案虽可以构成，但实际上并未建立个人全宗。因为他们的档案中有许多具有组织与个人的双重属性，若构建个人全宗就势必影响组织全宗的完整性。所以，一般情况下，主要以个人名义从事社会活动的名人，其档案才可能构成实际的个人全宗。或者说，只有其档案基本上只具有个人属性，不会与组织全宗发生大面积交叉的名人档案才可能构成个人全宗。

即使是主要以个人名义从事社会活动的名人，其档案也未必都构成了实际的个人全宗。这些名人的档案能否构成个人全宗还取决于其档案是否较为完整系统地留存下来、留存下来的档案是否较为全面地记录了其社会活动的基本情况与过程、档案机构是否对其档案进行了实际的管理、档案机构是否将其作为个人全宗对待等诸多档案管理方面的因素。这也正是社会中主要以个人名义从事社会活动的名人很多，但档案机构中实际存在的个人全宗却很少的主要原因。

二、区分全宗

区分全宗一般是特指对容易引起混乱或歧义的较复杂的全宗界限问题的具体处理。已终止的国家机关、社会组织档案室所保存的档案，大都是本单位（一般都是全宗构成者）在各项活动中形成的档案，是属于一个全宗内的档案，所以基本上不存在区分全宗的问题。但在个别单位的档案室也存在区别全宗的问题，例如经常变化、合并的单位，就存在这个问题。区分全宗的原则大体如下。

立档单位被撤销，其基本职能已停止，其档案应作为一个完整的全宗对待。若立档单位撤销后，其部分职能由其他立档单位继承，撤销之前形成的档案仍作为独立的完整全宗对待。在其他立档单位继续存在的职能活动中产生的档案，作为继承其职能的立档单位档案全宗的一部分。

由几个立档单位合并组成新的立档单位，合并前的档案分别构成独立全宗，合并后形成的档案构成一个新的全宗。

由立档单位内部机构独立出来而形成的立档单位，其独立之前的档案作为其原所在立档单位档案全宗的一部分，独立后形成的档案构成新全宗；原来是独立的立档单位，后并入其他立档单位成为内部机构的组织所形成的档案，并入前的档案构成独立全宗，并入后形成的档案作为并入立档单位档案全宗的一部分。

内部机构直接并入其他立档单位，其并入前的档案是原所在立档单位档案全宗的一部分，并入后的档案是所并入立档单位档案全宗的一部分。

在以上继承、合并、独立、并入等变动的衔接过程中，凡需要原全宗或全宗的一部分档案时，可由需要方暂时代管或复制。但不允许将档案的全宗界限相混淆。这是维护档案及历史本来面貌的必然要求。

合署办公的立档单位，其档案若能分开，一般应分别构成全宗。若档案实在分不开，可按全宗补充形式对待，组建联合全宗。

立档单位名称的变更、职权范围的扩大或缩小、隶属关系的改变、内部组织机构的调整、组织规模的扩大或缩小、工作地点的变动等变化，只要其基本职能未发生根本改变，社会独立性未发生根本改变，其档案均不构成新全宗，变化前后仍作为一个全宗对待。

具有社会独立性的临时性机构，其档案是否构成独立全宗，应做具体分析。如果存在时间较短，档案数量不多，职能性质又不很重要，可不构成独立全宗而作为其上级主管单位档案全宗的一部分；如果存在时间较长，档案数量较多，职责较重要，其档案可构成独立全宗。派出机构不具有社会独立性，其档案不构成独立全宗，一般作为其所属立档单位档案全宗的一部分，实行统一管理或单独管理。

各独立社会组织中的党、团、工会形成的档案，均作为其所在立档单位档案全宗的一部分，按内部组织机构对待。个人全宗与组织全宗中的档案有时会出现相互交叉的问题，即某些档案既有个人属性，又有组织属性（如以组织领导人个人名义制发的文件）。对这一问题的处置原则：凡以组织或组织成员名义制发的文件正本均应归入组织全宗；个人全宗若认为必要时，可保存副本。不允许将组织全宗中具有双重属性的档案抽出纳入个人全宗之中；组织全宗中一般不保存仅涉及个人性质的文件（正常组织活动中形成的诸如个人登记表、履历书、自传，对个人生活情况的调查、审查性文件，应归入人事档案）。但如果个人全宗与组织全宗均不完整且程度有较大差异，可将具有双重属性的档案有意识地向完整程度较好的一方倾斜，以避免或减轻“两败俱伤”的不良结果。

对于新中国成立前旧政权档案，由于各个时期、各个政权的档案，在数量、内容、形成时间上各不相同，在区分全宗时，不能机械地按照构成全宗的三个条件来区分，可以把历史档案分成明清以前的档案、明清档案、中华民国档案、北洋军阀时期档案、日伪时期和国民党时期档案等几大部分。在这几大部分中，有的可以构成一个全宗，有的可以构成几个全宗，有的是几个时期（几个朝代）才构成一个全宗。所以，在区分全宗时，要根据具体情况，做具体处理。

在区分全宗的过程中，常常出现一些没有归入某个单位的零散文件，在这些文件中，有的有明显的归属标记，有的没有明显的归属标记。对于没有明显归属标记的档案，就需要判定它应归属的全宗。

实践中档案管理部门经常采用的方法如下。

1. 从发文情况看

在发文和内部文件中，文件的所属全宗，就是文件的制发者（即文件的作者，或称形成者）。只要查明了文件的作者，也就明确了文件的所属全宗。文件的作者，一般可以从文件的文头、发文机关、文件题名、文件的签发人、文件所用的印信等方面进行判断。也有的文件连上述的特征都不具备，这就要从文件的内容、语气甚至其他外部特征来加以分析，判定它的形成者。对于批转的文件，由于发文的批准机关发生了变化，因此不能按原文件的形成者来确定全宗，应归到行使批转权力的机关内。

2. 从收文情况看

文件的实际收受者，就是文件的所属全宗。在通常情况下，多数收文是不写具体的收文单位的，只标明文件的主送和抄送单位或个人，在文书处理工作正常开展的单位，对收文一般都要进行收文处理，如加盖收文章，附有阅办单，写有批办意见等，档案工作者可以从这些情况上判断文件的所属全宗。但在上述情况不明时，就要从文件的内容和其他外部特征来判定了。

在判定档案所属全宗的具体工作中，还会遇到更复杂的情况，例如：几个全宗的文件混杂在一起，几个全宗构成者在一起合署办公所形成的文件；一份收文上有几个全宗构成者的人员签署的承办意见；没有经过文书处理的一般性文件（积压文件）；几个单位相互交叉，你中有我，我中有你的文件等。在这种情况下，档案工作者需要从多方面进行分析研究，来确定文件的全宗归属。不仅可以从收发文的标记特点，文件的外部特征，还可以从文件的笔迹、用语、书写材料上进行分析或到有关部门进行调查。如果确实难以确定，切不可匆忙处理，必须仔细研究考证后再确定。

三、全宗的补充形式

按照“全宗原则”对馆（室）档案进行系统化处理的过程中，也常碰到一些特殊的情况，使得“全宗原则”不好运用。例如：有的全宗构成者形成的档案数量很少，即该全宗形成的档案在档案馆（室）保存的很少，甚至只有几份、几卷，尤其是距今较远的历史档案，这种情况很多；有的是几个全宗形成者的档案混在一起，不好截然分开；有的个人在一生中形成的档案，同社会上的组织没有什么关系；有的档案确实无法确定它的来源等。对于这些档案，按照正常区分全宗的方法划分全宗，是不好处理的，所以为解决这些特殊档案的归属问题，档案管理部门采取了一些特殊划分全宗的方法。常用的有下面几种。

（一）联合全宗

在区分全宗时，把一些在职能或工作上关系密切，办公时文件混在一起的单位（按构成立档单位的条件要求，它们都是全宗构成者）的档案放在一起，组成一个全宗，就叫联合全宗。它主要适用于下列情况：①两个或两个以上的立档单位职能相近、关系密切且在存在时间上前后相继并有交叉，档案已混在一起无法分开；②两个或两个以上同时存在的立档单位职能相近、关系密切且合署办公，档案混在一起无法分开。对这样的档案，只能作为一个全宗对待，将其组建成联合全宗。但在联合全宗内档案的排列上应尽量反映其原有状况，能分开的应尽量分开排列。

（二）档案汇集

档案汇集是指在整理过程中，出现的一些零散和残缺不全的文件，一时又很难确定它属于哪个全宗，整理人员就将这些档案用人为的方法汇集在一起，组成一个“汇集”，这样的档案混合体，就叫档案汇集。组成档案汇集的方法是不常使用的，只有在确实找不出处理那些毫无头绪的零散档案时，才采用这种补救方法，如整理新中国成立前的历史档案，有时就采用这种方法。

（三）全宗汇集

全宗汇集也是不常采用的一种处理全宗的方法。在整理过程中，为了保管上的方便，把一些档案数量极少的全宗集合在一起，给一个综合的全宗名称作为全宗来保存，这样的全宗混合体就叫“全宗汇集”。全宗汇集同联合全宗是有区别的，联合全宗内的档案之间是有密切联系的，联合全宗构成者之间的关系也较密切，在利用时也经常相互参照使用。而全宗汇集中的档案则没有联合全宗中档案的那种关系，同时，全宗汇集中的各个小的全宗之间，也可能无任何关系。

全宗补充形式的使用原则是“不得已而为之”，即只有在确已无法按严格全宗进行管理或按严格全宗管理起来确实很不方便的前提下，方可使用。

全宗补充形式一旦建立起来，就应在管理上与严格意义上的全宗同等看待并实施统一的全宗管理。具体说来，就是要与其他全宗统一编全宗号、统一排列，赋予每一个全宗补充形式正式的名称。联合全宗和全宗汇集的名称由所联合、汇集的全宗立档单位名称加“联合全宗”和“全宗汇集”四个字构成。档案汇集应根据其内容、题目拟定概括性的名称，如“×××省土地档案汇集”“×××市革命烈士档案汇集”等。

四、“划分”全宗群

“全宗群”这一概念的出现，并不是因为按常规的办法区分全宗时，出现了不好处理的全宗而产生的，它是为了管理和利用上的便利，将历史上有联系的一些全宗联系起来的一种方法。所谓全宗群，就是将历史上或工作上有密切联系的一些全宗联系起来，组成一个反映某一方面或某一系统情况的有机群体，这种群体就称为全宗群。是哪个方面或系统的群体，就叫哪个方面的全宗群。全宗群有专业全宗群，也有地区全宗群，例如，航空档案馆所保存的航空系统各个单位所形成的全宗，就可称为航空工业全宗群。但在档案管理实践中，全宗群并不是一个实体性的保管单位，也不确定秩序层次和管理层次，而是全宗之上的一个“虚类”、一个观念性的概念体。全宗群对于档案管理只具有理论观念性意义，并无实际的管理操作意义。全宗群的理论观念性意义仅在于从宏观上组织档案馆网络、规划馆藏，为档案馆设置其内部的档案保管机构，为大范围地规划库房提供理论观念上的依据。例如，中央档案馆就曾运用全宗群观念，将其全部档案划分为“中共中央”和“中央国家机关”两个大的全宗群，并设中央处和国家处两个档案保管机构分别对中共中央和中央国家机关的档案进行管理。但档案在保管中仍以全宗为基本保管单位，并不存在实体单位意义上的中共中央全宗群和中央国家机关全宗群。这两个大的全宗群仅存于人们的观念之中。因此，“划分”全宗群实际上是在观念中将某些具有某种联系的全宗看作一个全宗群，而并不是真正的实际操作性的划分。

第三节　全宗内档案的分类整理

全宗内档案的分类是指对全宗内档案实体的分类。实体分类就是按照档案的来源、时间、内容和形式的异同，把全宗内的档案分成若干层次和类别，构成有机的体系，使其进一步条理化、秩序化，目前这一工作一般由基层档案部门承担。档案馆对所接收的全宗，一般不再重新进行分类。如果全宗内档案的分类方法及分类结果明显不合理或不符合档案馆的管理特点和要求，应在移交之前按档案馆的要求进行相应的改动或调整。这就需要档案馆在接收档案之前与基层档案部门进行必要的协调。只有已终止的国家机关、社会组织的没有经过系统化处理的档案才由档案馆对其进行分类整理。

一、分类规则

全宗内档案的分类是档案整理工作的核心内容，是管理档案的基本手段。档案的分类，既是一种严密的思维活动，又是一项对其档案管理产生深刻影响的业务实践，必须遵循档案的分类规则，以保证档案分类的科学性。档案的分类规则有下面三种。

1. 排他规则

对档案分类时，同位类目必须互相排斥而不能重合。这就要求同位类目的内涵清楚，类目外延界限分明，如果类目外延重合、跨越了两个类目，就很难保证归类的一致性。

2. 同一规则

同一规则是保证类目排他性的规则。它要求针对同一上位类的划分必须使用同一个分类标准。因为类目的形成是运用分类标准去衡量某一个对象的结果。在每一层次的分类中，只有运用同一个标准去衡量或划分分类对象，形成的类目才能互相排斥。反之，用不同标准划分同一个上位类，必然造成类目之间的交叉或重合。例如，对企业档案的分类，可以采用按职能、组织机构、问题等多种分类标准。但在同一级的分类中，只能选择其中一个作为分类标准。例如，可按企业管理职能分类标准把企业档案划分为 10 个一级类目：党群工作类、行政管理类、经营管理类、生产技术管理类、产品类、科研类、基建类、设备类、会计类、人事类。

运用同一规则，应该注意：①档案分类不要求也不可能各层级都采用同一个标准，所以从整体上看，分类标准又是多样的；②分类标准要逐次、逐级地确定，必须根据上一级类目，确定下一级类目的分类标准，否则凭空设计的分类标准，将降低类目的适用性。

3. 效用规则

效用规则要求档案分类要适应档案及其管理特点追求分类的整体适用效果。档案分类本身不是目的，而是科学管理的一种手段。因此衡量档案分类工作，重要的是看它能否为科学管理创造条件，这就决定档案分类允许存在一定的灵活性。例如：在规模较小的国家机关、社会组织，由于形成的档案数量比较少，分类层次可以只设置一级；在规模较大的国家机关、社会组织，由于形成的档案数量多，情况复杂，分类层次可以设置二、三级甚至四级。同一单位不同门类的档案，其分类层次也可能有所区别。这种区别是由工作的性质与任务以及档案的数量与规模决定的。例如，在行政机关，行政管理档案体现着这类组织的基本职能，档案数量多，可能需要划分三级或三级以上，而它的设备档案体现的只是辅助职能，数量不大，所以只划分一级或两级即可。

从便于管理的需要出发，档案的分类层次并不是越多越细越好。层次越多，类目就越多，反而因增加了头绪而使管理变得复杂化。因此，对档案分类的层次与类目设置的要求是灵活处理，不强求一致。

二、制订分类方案

档案分类方案，是对档案进行类别划分和正确归类的依据性文件。它提供了一个完整的分类体系，使档案的归类能够按部就班地顺利完成。同时，档案分类方案可以高度概括地将全部库藏的内容反映出来，借助于它可以概括了解档案的库藏。因此，编制档案分类方案既是档案分类工作的一项重要内容，又是档案部门的一项基础建设。

（一）分类方案的构成

档案分类方案由说明、类目表和类号组成。

1. 说明

“说明”是分类方案的前置部分，它的任务是通过介绍类目及其使用方法，指导人们正确地使用分类方案。其内容一般包括分类方案编制的指导思想以及分类方案的适用范围、分类标准的选择、类目排列的依据、分类号的含义以及类目表使用中应注意的问题等。

2. 类目表

“类目表”是分类方案的主体，它是由纵向类目和横向类目构成的，反映的是分类序列的档案类目体系。类目是类别的名称，它是根据类别内容概括出来的。档案分类方案要求类目确切和稳定。确切，就是要求类目要恰如其分地反映类别的特征，类目的文字表达要准确；稳定，就是要求类目不能随意或经常变动，而应具有相对的稳定性。

3. 类号

“类号”是类目的代字或代号，是类目标识符号。在分类表中，每一个类目都配有一个类号，这个类号既是类目的代表，又是反映类目排列顺序的依据。常用的类号形式有两种，一种是单纯号码制，即以单一形式的阿拉伯数字作为类号；另一种为混合号码制，即由两种或两种以上的符号组成类号，如以汉语拼音字母（代字）和数字（代号）作为类别符号。混合号码制的代字提倡以汉语拼音字母充当档案类目的代字。这是因为汉语拼音字母与国际上通行的英文字母有明确的对应关系。国际标准化组织的文献工作标准化技术委员会，已经确定以我国《汉语拼音方案》作为中文文献转写英文字母的国际标准。以汉语拼音字母作为代字，适用于手工管理和计算机管理，便于转换与识别，也利于进行国际交流。

类目的代字应具有专指性，即同一个代字不能代表两个类目，至少在同一分类层次中不应出现两次。代字的选用有两种方法。其一，汉字声母法，简称“声母法”，它是指以档案类目首字的汉语拼音声母作为类目的代字。这种方法的优点是，可以借用代字的谐音，标识鲜明，容易识别与记忆。由于汉语拼音声母有限，为避免重复可以选用类目中其他有代表性含义的汉字的声母作为类目的代字。其二，拼音字序法，简称“字序法”，它是指在类目顺序确定以后，按照汉语拼音字母的顺序分别依次标注各类目。这种方法的优点是代字不容易重复，便于识别类目的顺序，但不如“声母法”直观。在混合制的类号中，代字一般用于表示一级类目或较高层级的类目。

（二）分类方案的编制

1. 分类方案的编制要求

（1）保证档案分类方案类目体系的严整性

档案分类方案的类目体系是分类方案的主体，它是各级类目构成的一个具有横向和纵向关系的等级系统。横向表现了各级同位类之间的并列关系，形成了各级“类列”，纵向表现了上位类与下位类之间的从属关系，构成了一个个“类系”。严整性就是要求同类列的类目之间应该平行并列，各类系的上下位类目应该线性排列。严整的类目体系是顺利进行分类的重要保证。

（2）档案分类方案的类目体系应具有可包容性

档案分类方案必须具有足够的容量，其具体类目的设置，要能够体现并且容纳本单位档案的全部内容，使每一种和每一部分档案，都能在分类方案的类目体系中找到自己应有的合理位置，否则，分类方案的指导作用就会大大降低。

（3）档案分类方案应具有相对稳定性

分类是对档案进行科学管理的基础，关系到档案管理工作的全局。如果库藏档案的分类发生变化，则牵一发而动全身，将引起相应业务管理的一系列变化，有些工作甚至要从头做起。因此，档案的分类必须保持相对的稳定。档案分类方案是档案分类的依据，也是保证档案分类相对稳定的关键。

2. 分类方案的编制程序

（1）调查研究

档案分类要符合特定国家机关、社会组织的性质和特点。不同性质的单位，其工作内容、程序和特点各不相同，有的差异极大。在进行档案分类时，首先就需要研究档案形成单位的性质和特点，再根据这些情况选择适当的方法进行分类。

（2）形成档案类目体系

形成类目体系是编制分类方案的实质性阶段。其内容是根据本单位档案的内容构成、形成特点、数量和利用规律，遵循分类规则和编制要求，设计合理、科学的类目体系。具体步骤如下。首先划分大类，确定类列。大类是档案分类方案的一级类目。设置大类实质上是确定各类系之首，它决定着整个类目体系的类系数量与类目层次的多少，并且对日后的档案管理工作将产生重要的影响。对机关、事业单位而言，一级类目一般以组织机构或问题为基本依据。对企业而言，一级类目一般以单位的职能活动为基本依据，从而反映组织的主要职能分工及其相互之间的联系。其次划分属类、形成类系。划分属类的实质是展开类目，形成科学、合理的类目层次，即以每个一级类目为基础，以上位类和下位类的形式构成档案的类系。最后是进行类目的排序。类目排序是指横向类目的排序。档案分类的类目设置包括类目的划分和类目的排序。划分是解决分类的问题，即将总体划分为部分，再把部分划分为更小的部分。排序是解决顺序的问题，即给每一个类目确定一个合理的位置。只有类目而没有排序，仍然不能组成科学的类目体系。

三、分类方法

（一）国家机关档案的分类方法

（1）年度分类法

年度分类法就是以档案形成或处理的年度为分类的标准，将不同年度形成的档案分入不同的类别中。年度分类法是运用最广泛的分类方法。归档文件按年度特征分类，可以反映出一个机关每年工作的特点和逐年发展变化的情况，并且同现行机关以年度为单位将文件整理归档的制度相吻合，类目设置标准也很清楚、明确。按年度分类法整理档案时，一般以文件签发日期（即落款日期）为准。计划、规划、总结、预算、决算、统计报表以及法规性文件等涉及不同年度的文件，归入文件签发日期。跨年度形成的文件应归入办结年度，而不要分散在若干年度中。如果跨年度工作任务中各个年度形成的归档文件数量很大，或者立档单位对跨年度形成的文件有单独规定，则仍应将这些归档文件归入各个年度中。几份文件作为一件时，应以装订时排在前面的文件日期为准；有专门年度的文件，按照专门年度进行分类。跨年度工作任务形成的系列归档文件应作为一个整体归入工作任务结束年度中。

（2）机构分类法

机构分类法就是以立档单位内部的机构为分类的标准，将立档单位内不同机构形成的档案分入不同的类别中。

采用机构分类法，能最好地保持全宗内文件在来源方面的固有联系，客观地反映立档单位的历史面貌。同时由于每个机构都承担某方面的职能和任务，按机构将归档文件分类可在一定程度上集中反映某一方面的工作内容，便于按照一定的专题查找和利用档案。特别是对于现行机关，在文件由各机构分工整理的情况下，每个机构向档案室移交的归档文件，就自然构成一类，使分类方案的设计大大简化。

按机构分类时，一个机构设置一个类，机构名称即类别名称。归档文件原则上由哪个机构形成或承办就归入哪个机构类中；由几个机构共同处理的文件，归入主办机构；由业务部门起草，以机关或办公厅（室）名义发出的文件，如果文件内容属业务部门职责范围，则应归入负责起草文件的机构（业务部门）类中，否则归入负责发文的综合机构类内；机关内设的临时机构，应和其他机构一样设类，形成的归档文件归入该类保存；临时机构与该立档单位某一内部机构合署办公，并以该机构为常设机构，形成的文件应归入该内部机构。

（3）问题分类法

问题分类就是以文件内容所说明的问题为分类的标准，将档案按其本身内容涉及问题的不同分入不同的类别中。

采用问题分类法，可以避免或减少同类问题档案分散的现象，便于按专题查找和利用档案，尤其是设类可以不受内部机构的限制，机关的中心任务和主要活动均可以单独设类，能够比较突出地反映一个机关职能活动的主要面貌。在实际工作中，使用问题分类法的立档单位，大多参照本单位内部组织机构的职能性质来设置类别。由于实际工作中往往会出现问题类别划分上的意见不一致，即使确定了类别方案，在归类上也会出现对问题理解上的不一致、无类可归、多类别属性档案的无以归类等问题。所以问题分类法一般在无法按年度、机构分类或按年度、机构分类确实很不方便的情况下才被采用。具体来说，就是全宗数量不大、形成年度很少或年度界限不清晰、立档单位内部组织机构变动频繁，或组织机构很少且界限不清时，才按问题分类。

制订分类方案时，组织机构分类法与问题分类法不同时采用，而是根据组织的实际情况选择其中一种即可。

（4）保管期限分类法

保管期限分类法就是以保管期限的不同为分类的标准，将不同保管期限的档案要分入不同的类别中。

采用保管期限分类法，能够将不同价值的档案从实体上区分开来，从而使档案部门能够有针对性地采取整理和保护措施，同时也为库房排架管理、档案移交进馆和到期档案鉴定等档案管理工作提供了便利。

如果立档单位档案数量较多，分类工作需要分层进行，就不能单纯采用一种分类方法，而应该将上述几种分类方法结合使用，称之为复式分类法。

在以件为保管单位进行整理时，《工业企业档案分类试行规则》（以下简称《规则》）虽然没有对年度、保管期限、机构（问题）在组合成复式分类法时的顺序做出明确规定，但对三种分类法的可选择性做出了规定，其中，年度、保管期限是必选项，任何复式分类法都必须具备，也即任何组织整理档案都必须分年度、保管期限进行。机构（问题）作为选择项，是因为在小的组织内，每年形成的文件数量少，或者内部机构设置简单，这种情况下无须再按机构（问题）进一步细分。而在大的组织内，文件一般由各部门分工整理归档，机构（问题）则往往成为必选项。在实际工作中可采用“年度—机构（问题）—保管期限”或“保管期限—年度—机构（问题）”等复式分类法。

（二）企事业档案分类方法

由于企事业档案类型复杂，所以其分类方法有很多种。

①按职能分类。按职能分类是指按档案内容所反映的管理职能分工来划分企事业档案的类别。按职能进行分类是企事业档案分类原则的重要内容，所以各类企事业单位在档案分类中均将职能分类应用于一级类目的设置。按职能分类与按组织机构分类的不同之处在于：职能分类没有完全局限于同一组织机构所形成档案的不可分割性。例如，《规则》按职能分类法将企业档案划分为10个一级类目：党群工作、行政管理、经营管理、生产技术管理、产品、科研、基建、设备仪器、会计、干部职工。

②按问题分类。按问题分类是指按档案内容所反映的问题性质来划分企事业档案的类目。按问题进行分类，可使相同问题性质的企事业档案得到相对集中，避免反映同类问题的档案被分散。尤其值得肯定的是，按问题分类有助于企事业档案的科学管理和企事业档案信息资源的开发利用。

③按组织机构分类。按组织机构分类是指按企事业内部设置的组织机构来划分企事业档案的类目。按组织机构进行分类，可以客观地反映企事业各个内部机构工作活动的历史面貌，保持企事业中同一内部机构形成档案的完整。

④按年度分类。按年度分类是指按文件形成或处理的所属时间阶段来划分

企事业档案的类目。现行文书工作制度一般规定文件按年度进行归档，所以分类亦可以年度为标准。按年度进行分类，符合管理类档案的形成规律和特点，能够反映企事业有关管理工作的发展变化情况，便于掌握，简便易行。

⑤按型号分类。按型号分类是指按产品或设备的种类与型号来划分企事业的产品档案或设备档案的类目。按型号进行分类，可以将同一型号的产品或设备的档案集中，反映一个型号的产品或设备的全貌及其内部的结构隶属关系，便于按型号成套地利用有关档案。

⑥按课题分类。按课题分类是指按研究课题（或称专题）来划分企事业的科研档案的类目。按课题进行分类，可以使同一个研究课题的档案成套地集中在一起，能够全面、系统地反映一个研究课题的全部活动与历史过程，便于按课题查找利用有关档案。

⑦按工程项目分类。按工程项目分类是指按基建工程项目划分企事业基建档案的类目。按工程项目进行分类，可以将同一工程项目的档案集中，反映一个工程项目的全貌，便于按工程项目查找和利用有关档案。

⑧按专业性质分类。按专业性质分类是指按档案内容所涉及和反映的专业性质来划分企事业档案的类目。按专业性质标准进行分类，可以使具有同一专业性质的档案得到集中，便于从专业性质的角度查找、利用有关档案。

⑨按档案形式分类。按档案形式分类是指按档案的外形、名称及制作载体等来划分企事业档案的类目。按档案形式进行分类，可以使同一名称、同一形式、同一载体的档案得到集中，便于从档案形式的角度管理和利用有关档案。例如，会计档案就应当以文件名称为标准，划分为凭证、账簿和报表等类目。

在特殊情况下，某些企事业的档案分类只有一级（即一个层次），划分一次就完成了。但在多数情况下，档案的分类都有两个或两个以上的层次。在两级分类或多级分类中，不可能始终只采用一种分类方法，这就存在一个分类方案的组合问题。分类方案的组合涉及分类方法运用的先后次序。各分类方法得到最先采用时，企事业的档案必然会优先按照这个方法加以集中。越是后来采用的分类方法，有关档案的分散程度就越大。所以，企事业档案分类方法的组合，实际上是要解决按什么分类标准集中企事业的档案、形成怎样的企事业档案分类体系、为档案提供何种检索途径的问题。企事业档案分类方法的组合要根据企事业管理职能分工，结合档案的内容和特点来具体确定。

（三）个人全宗档案的分类方法

个人全宗内的档案是否进行分类以及怎样分类，要根据其档案数量、成分、内容等实际情况和管理上的需要来决定。个人全宗与组织全宗最大的不同之处是其档案成分、来源、类型比较复杂且其内容均与个人或家族成员有密切关系，能说明个人或家族成员在某一方面的情况和问题。其分类方法一般是按个人或家族成员社会活动和个人生活的现实状况分为若干类别。

（1）生平传记材料

凡能说明个人或家族成员生平、历史基本情况的档案均入此类，如出生证明、学历证明、身份证明（身份证、工作证等），各种登记表、履历表，个人自传，奖状及奖励，荣誉证书，有关组织对其历史问题的鉴定审查材料，遗嘱，等。

（2）创作材料

创作材料是指个人或家族成员在进行科学研究和文学艺术创作活动中形成的各种手稿（如书稿、图纸、画稿、乐谱等）以及日常生活中形成的各种基础性创作材料，如日记、笔记、摘抄、记录等。

（3）公务活动材料

公务活动材料是指个人或家族成员在从事公务活动中形成的档案。正式担任公职且以公职身份形成的具有组织全宗与个人全宗双重属性的档案，应归入组织全宗；在组织全宗不存在的情况下，方可归入个人全宗。因此，个人全宗中的公务活动材料一般只是个人或家族成员参与公务活动的通知、发言稿、个人笔记、记录、抄件以及担任公职的聘书等。

（4）个人书信

个人书信是指个人或家族成员写给别人的信函底稿和别人的来信、贺卡等。

（5）经济材料

经济材料是指记录个人、家庭或家族及其成员经济财产状况的文件材料，如动产或不动产的契约（合同）、证书、账簿、票据账单等。

（6）亲属材料

亲属材料是指个人或家族成员的直系亲属和重要的非直系亲属的有关材料。

（7）评价材料

评价材料是指别人和社会有关组织对个人或家族成员的评价文章、纪念文章、介绍材料、回忆录、祭文、悼词、口述记录等。

（8）音像材料

音像材料是指个人或家族成员及其亲友、同事、同学等的照片、画册、录音、录像材料。

（9）其他材料

其他材料是指不能归入以上各类别的有关材料，如与个人或家族成员有特殊关系的别人(如挚友)的材料，收藏的字画、古玩等文物和其他收藏品(如邮票、钱币等)，接受的珍贵礼品。其他材料还包括能说明个人重要情况和问题的某些实物和日常生活用品，如摄影家的相机、书法家的笔砚、音乐家的乐器以及奖章、锦旗等。

第四节　档号和立档单位与全宗历史考证

一、档号

档号是全宗号、案卷目录号、案卷号、卷内文件页号、件号的合称。通常简称为全宗号、目录号、卷号、页号或件号。档号是档案实体最基本的秩序号，或说是档案实体在其秩序系统的固定位置号或存址号，在档案管理中具有基础性管理作用。如果没有档号、档案管理工作就无法正常有效地进行。档号若出现混乱，档案管理活动也将出现混乱。从整理工作角度看，档号是档案整理结果的一种客观记录和反映。从某种意义上说，整理工作就是为了给每一份档案赋予一个固定的档号。但档号是在不同的整理层次中产生的，且层次之间有一种必然的逻辑性关系。因此档号在总体上就要求必须具有层次性、系统性、稳定性和唯一性，且应简洁、方便、有利于日常的管理和利用。档号的4个号反映了档案实体秩序体系的4个层次，这4个层次构成一个层次系统，总体上反映着档案实体秩序的层次结构。而每一个具体的、由4个不同层次的号码构成的档号则必须具有唯一性，所指的必须是唯一的一份具体的档案以及这份档案在实体秩序中唯一的固定位置。例如，某档案馆中的一个具体档号“3-2-64-15”，就是指该档案馆中第3号全宗中第2号目录（案卷目录）中第64号案卷中的第15页所在的那份文件或第15份文件。通过这个档号，人们就可以从档案实体保管的库房中将这份具体的档案提调出来，用完之后又可以将其归入其在库房中的固定位置中去。可见，档号对于保证档案管理活动的专指性和总体上的系统性均具有重要意义。

档号总体上的层次性、系统性、稳定性和唯一性要求具体体现为两个方面：一是档号要完整成套；二是各层次中的号不能重复。完整成套是指不同层次均应有系统编号，不能只编案卷号而不编案卷目录号或全宗号，案卷内的每一页或每一份文件也必须编号，否则档号将无法发挥其总体效用。各层次中的号不重复，就是指每一层次中不能有重号现象，即同一档案馆中不能有相同的全宗号，同一全宗内不能有相同的案卷目录号，同一案卷目录内不能有相同的案卷号，同一案卷内不能有相同的页号或件号。案卷内的页号或件号是两种不同管理方法的产物，一般的案卷是将卷内各文件装订在一起，统一编页号，即从第一份文件的第一页到最后一份文件的最后一页，用阿拉伯数字从 1 开始顺序编页号。在这种管理方法中，档号的最后一个号就是指文件所在页号（一般为文件开始的那一页）；但文书档案的案卷并不装订，而是按件进行管理的，每份文件装订在一起，各份文件实际上在案卷中处于分离状态，只有一个“件”的排放顺序。这样的案卷就要对卷内每份文件编号，即第一份文件为 1 号，第二份文件为 2 号……档号分别标写于档案实体的不同层次单位及其管理工具上。全宗号标写于全宗名册、案卷目录封面和案卷封面上；案卷目录号标写于案卷目录封面和案卷封面上；案卷号标写于案卷封面和案卷目录中；页号或件号标写于卷内每一页或每一份文件的首页上。检索工具中若检索级别为案卷，则要同时标写全宗号、目录号和案卷号 3 个号码；若检索级别是文件，则要同时标写 4 个号码。其标写方法有专门规定，一般是用一短横（半字长）将各号码连接起来。

二、立档单位与全宗历史考证

立档单位与全宗历史考证是一种对立档单位及其全宗档案基本情况进行概括性记述说明的文字材料，在档案整理和整个档案管理工作中具有重要作用。这种文字材料的作用相当于一个全宗及其立档单位概况的说明书，不仅可用于对档案整理工作进行观念性的指导，而且可以作为一种介绍报道性工具在以后的提供利用工作中发挥作用。人们通过阅读它可以对某一全宗及其立档单位的基本情况有概括性的了解，从而更好地对其进行管理和利用。

立档单位与全宗历史考证一般由档案室负责撰写。写好后作为一种重要的管理工具和手段单独保管并供人们在整理、保管提供利用中使用。当档案室将其档案移交给档案馆时必须同时移交一份或几份“立档单位与全宗历史考证”，供档案馆了解所接收档案及其立档单位概况之用。档案馆应将所接收到的立档单位的全宗历史考证分别放入各全宗卷中保存。立档单位与全宗历史考证在档案馆中的作用比在档案室更重要、更广泛。因为档案室一般只有一个全宗，档案室人员以及到档案室来利用档案的内部工作人员对其所在立档单位及全宗档案情况大都比较了解。而档案馆则管理很多全宗，档案馆工作人员以及到档案馆来利用档案的社会各界人士不可能全面了解各全宗及其立档单位的情况。如果没有立档单位与全宗历史考证，管理与利用工作将会面临很大困难。所以，在档案室阶段，立档单位与全宗历史考证未必都有，而档案一旦进入档案馆，各全宗就必须有其立档单位与全宗历史考证。

撰写立档单位与全宗历史考证需要撰写者对立档单位及全宗档案的历史全貌有比较全面的了解。这就要求档案室应从全局出发，对立档单位的历史活动及档案情况及时进行总结记录，并将这些总结记录及时进行整理，写成系统的文字材料。立档单位与全宗历史考证，不仅供自己使用，也为将来向档案馆的移交做好准备，打下基础。档案馆在准备接收档案的同时，应及时向档案室提出撰写要求，督促档案室做好撰写或充实、修改工作，以写出尽可能全面、翔实、系统、完整的立档单位与全宗历史考证。立档单位与全宗历史考证在内容及文字表达上的突出特点是客观、真实、全面，有根有据，直述其事，言简意赅，不甚清楚的问题或不写或注明“不甚清楚”。对所写内容不做推测，不做渲染，一般也不做评价，不发议论或感慨，更不使用文学性语言和褒贬之词，只做如实的客观记录。

立档单位与全宗历史考证的内容一般由两部分构成：一是立档单位概况；二是全宗档案概况。

（一）立档单位概况的内容

立档单位概况的内容包括：

①立档单位成立的原因与时间，立档单位名称的变化，立档单位的隶属关系及其变化，立档单位的基本性质、职能、职权、职责范围及其变化；

②立档单位的历届主要领导人姓名、内部组织机构设置及其演变、办公地点的变更；

③立档单位的文书工作制度及其变化，公章及各种文书处理戳记印模；

④立档单位的重要历史活动简况；

⑤立档单位撤销的时间、原因。

对上述内容的表达应以文字叙述为主，必要时可采用图表结合文字叙述的表达方式，可在相应的部分附历届领导人姓名一览表、内部组织机构设置及相互关系图表等。

（二）全宗档案概况的内容

全宗档案概况的内容包括：

①档案的数量、完整程度；

②档案的分类方法、保管状况，如完好程度、受损害的情况与程度、移入移出情况；

③档案的鉴定情况，如已销毁档案的数量、原因，现存各保管期限档案的数量及所占比例；

④重要档案内容的简单介绍；

⑤特殊档案（如代管的不属于本全宗的个别档案）与新型载体档案（录音录像、照片等）的情况与管理方法；

⑥检索工具的编制情况及其种类；

⑦档案被利用的情况及编研工作情况；

⑧未经整理的档案的数量、保管状况。

第三章　高校档案概述

第一节　高校档案的含义、特点、意义与价值

一、高校档案的含义

教学是学校的中心工作。随着教育事业的改革和发展，教学文件、材料日益增多，高校教学评估各项指标日趋完善，教学档案管理尤为重要。教学档案是指在教学管理和教学实践活动中直接形成的且具有保存价值的文字、图表、音像等不同形势的历史记录。教学档案是学校教学工作方针、政策的真实写照，是教学活动和教学研究中不可缺少的依据和参考资料，是了解教学内容、考查学校历史、总结经验教训、改进教训管理、提高教学质量、促进学术交流的信息源。教学档案的建立和完善，对于总结教学经验、探索教学规律、进行教学改革、深化教学研究和提高教学质量，都有十分重要的意义。

高校档案管理工作是衡量学校教育质量和管理水平的重要标准，是学校各种评估工作的重要内容。而教学在学校占据的中心地位，决定了教学档案管理工作在学校档案管理工作中的重要地位。

高校档案是大学师生在长期教学、科研实践活动中创造和积累的知识财富和劳动结晶，其绝大部分是以长期形成的教学规范为基础，在教学管理、教学研究等工作中形成的。高校档案主要形成于教务处和系一级教学单位两个教学管理机构。教务处对全校的教学工作起着统领与指导作用，其一系列活动会产生大量的教务管理文件与资料；系一级教学单位不仅要完成本系各专业教学任务，还要与教务处其他科室相协调，承担有关成人教育、普通教育及各种短训班的教学科研任务，各项教学实践活动会产生大量的信息资源，这就形成了宝

贵的教学档案资料。具体地说，教学档案包括教学计划与总结、学术研究、学科建设、教师工作量考试安排、教学大纲、教学日历、学生成绩与学籍、课表及各种规章制度等，它真实地记录了高等学校教学工作的方法和结果。

二、高校档案的特点

（一）固有特点

1. 来源上的分散性

教学档案是由教与学两方面材料转化而来的。从教的方面来看，其材料的来源是十分广泛的。相当一部分形成于学校教育管理业务部门，这部分档案包括上级教育部门的有关教育指导性的文件材料，本校制定的教学规章制度、教学计划、教学总结、招生、学时分配、学籍管理等方面的文件材料。另一部分教学档案则形成于具体组织教学的教研室、教师的教书育人活动之中。这部分档案包括有教学总结、教材建设、教案等。从学的方面看，教学档案也来自方方面面。它既包括学生在学习过程中所形成的材料，也包括学生将所学知识应用于实践活动中所形成的材料，如成绩表、论文、实习报告、毕业鉴定等文件材料。总之，由于教与学既相对独立，又相互统一，因此教与学二者之间相互渗透，这使得教学档案来源之广泛是其他档案所不可比拟的。

2. 内容上的复杂性

由于教与学的特殊矛盾运动，特别是各级各类学校的专业设置与开设课程的多样性，因而教学档案的内容涉及人类知识的各个领域，有社会科学知识、自然科学知识、技术科学知识，可以说教学档案的内容包含各个方面的内容与成分，从具体内容来说，更是十分庞杂，有专业设置、教育方针、学生奖惩、教学总结、教材、师资管理等。此外，高校的教学档案还包括众多的内容，如大至由上级主管部门所下达的各项文件、中至院校所制定的培养目标以及设置的专业、小至教师制作的教学教案以及课件等。近些年，科学技术的快速发展，促使高校的教学档案呈现出多样化的特点。

3. 时间划分上的特殊性

在我国，档案的管理强调时间特性，往往以年代来区分、排列、管理档案，教学档案也不例外。但教学档案在年度的划分上又与其他档案不同。它是以教学年度和学制年度加以区分的。

此外，高校主要按照两种形式开展教学工作，一种是学期制，另一种是学年制。这也就使得高校的教学档案呈现出周期性特征，高校的教学管理工作主要由系院负责完成，对于不同届次学生的教学工作是以所学学制为一个周期来制订工作计划和总结检查的。因此，教学档案也应按学期、学年或学制来构建，形成周期性的档案，对以学期、学年、届次来组织教学的教学管理工作更具有参考和指导价值。为此，高校应当按照学期以及学年归档与整理高校的教学档案，由此促使周期性档案的形成。

4. 制成材料上的丰富性

教学档案要反映教学工作面貌和真实记录教学管理活动，就必须要依靠大量的原始性资料。没有数量充足、完整准确的原始资料就不能反映教学工作的真实面貌，因此教学档案资料的原始性和完整性是教学档案工作的又一主要特点。在教学过程中，为了教学和实际的需要，可能会在教学活动中形成不同形式的材料，就制成材料而言，既有纸质的，又有非纸质的，非纸质的有照片、录音带、录像带、磁盘、光盘、幻灯片等。就制成材料格式来看，有统一规格的表格式、簿册式，还有没有统一规格的手稿、图表等。此外，教学档案还有综合性、专业性、层次性等特点。

5. 档案形式的多样性

由于教学活动的多样性，记录活动的形式也是多样的。只有档案原始资料的多样性，才能真实确切地反映多样性教学活动的面貌，才更具有档案的作用和价值。教学档案原始资料应包括纸面（质）的、图片、音像、光盘等多种形式。

6. 形成方式的内部性

高校档案材料大多是校内教学管理部门和业务部门以及师生个人在工作中自然形成的历史记录，并被自己直接管理和使用。这些材料手写的多，印刷的少，不带文号的多，带文号的少，绝大部分是不通过正式公文来往渠道产生的，因此大多不经收管部门登记，也没有副本，这是教学档案有别于一般行政公文的重要特点。

7. 学科划分上的专业性

高等院校是按学科专业设置的院系组织教学活动的。院系教学工作既有遵循人才培养成长共性规律的一面，更要遵循不同学科专业属性的特殊规律。不同学科专业人才的培养采用不同的人才培养方案，实施不同的教学计划，设置不同的课程，安排不同的教学环节和教学活动，提出不同的培养要求，实现不同的培养目标。因此，不同学科专业院系的教学工作也是不尽相同的，具有很强的学科专业特性。

8. 作用上的社会服务性

高校档案对教学活动进行记录，为开展教学研究活动提供重要资料支持，对于促进教学研究活动的顺利进行具有重要作用。随着信息时代的到来，高校的教学档案更是突破以往的利用对象范围，逐渐呈现出跨行业、跨院校特点，发展成为共享性资源，慢慢地体现出更多的社会服务职能。

（二）时代新特点

随着社会的进步与发展，作为教学历史记录的教学档案建设，也应随着时代的变化不断赋予新的内容。下面谈谈个人的认识。

1. 教学档案逐步走向电子化

随着现代信息技术的发展，教学档案也发生了很大的变化。特别是现在的学校普遍开通了互联网，为建立电子教学档案提供了条件。如果再沿袭过去那种箱柜式保存和征集方式，与时代的发展就不相适应。因此，在建立电子教学档案的过程中，应充分发挥计算机、信息网络在档案管理中的作用。档案保存可以借助电脑的贮存功能，档案征集可以通过网络传播方式，发挥现代科学技术在档案征集过程中的作用。这种电子档案比传统档案在保存、征集等方面更经济、快捷、方便。

2. 多渠道、动态和主动征集教学档案

在新课程改革不断深入的背景下，教学档案多渠道、动态和主动征集更显得必要，网络为档案征集提供了非常好的平台。可以通过建校园网站征集各种信息，在建站前，对教学档案进行全盘考虑，如征集的内容、设计网页要与这些内容相符，方便档案传输。教学档案的征集主要通过学校管理者和教师本人提供，管理者应主动提供教学档案内容，教师本人也要根据自身情况积极提供归档内容。教师提供的内容一般有个人简介、计划、总结、优秀教案、课件、论文和其他教学成果等。

3. 充分发动全员参与建设教学档案

在以往的档案建设过程中，全员参与的热情还不够，大部分人是被动的，甚至漠不关心。建设教学电子档案应该发动全员参与，为了鼓励全员参与的热情，可以采用以下方法。

（1）为每位教师建立电子档案

以年级组（或教研组）为单位，在校园网上（或申请电子信箱）为每位教师建立教学电子档案。其特点如下：每位教师的电子档案都设有一定的权限，教师本人、相关部门的主任可以在相应的电子档案中填写或更改资料。其他教师可以打开浏览，但不能改动。确保每位教师及时将自己教学工作的有关资料等输入电子档案，而不会被删掉或改动，同时还有利于教师之间互相学习、交流。

（2）及时督促相关部门和教师上传各种资料

电子档案管理员可以在校园网上以发布公告的形式或用电话通知等方式督促相关部门和教师及时地向电子档案部门输送资料。学校教导处、教研室及时上传本部门的资料，定期对每位教师教学质量进行评价分析，并把这些分析评价结果上传到相应的电子档案中；每位教师则根据学校提供的电子档案及上传档案要求，填写各自电子档案的内容，并不断补充完善。如教师定期把在教研组活动中的优秀教案、获奖或发表的论文、有推广和实用价值的课件、个人反思等资料传送到电子档案。

（3）加强电子档案资料的展示工作

许多教师对档案建设不关心的重要原因，就是没有看到教学档案在实际工作中的效果。为了使电子档案发挥应有的作用，我们应该对电子档案进行各种形式的展示。

①教研组内展示。学校要求教研组在开展活动时，把每位教师在教研组内展示自己的电子档案作为一项重要的活动内容。每位教师应积极把自己收集的最优秀作品在组内展示，并对该作品作出自我评价意见，然后教研组进行讨论、分析和评价。

②校内展示。学校利用全校性的会议，经常性地展示部分表现较突出的教师的电子档案资料，及时介绍和推广他们先进的经验和教学策略，并组织教师利用业余时间学习，促进教师业务水平的提高。

4. 教学电子档案的建立将发挥以往档案所起不到的作用

与以往档案的死板、封闭不同，教学电子档案的开放程度是以前无法想象的，它可以发挥下面的作用。

（1）有利于学校对教学质量的监控

电子档案通过收集不同类型的材料，以多种方式全面展示教师的成长过程和自身特色，使学校及时、准确地掌握各位教师真实客观的教学情况，了解各位教师的教学特色。另外，电子档案对教师的评价是一种定期性、动态式的，使教学管理形成了一个过程。教学电子档案的这种特点，不仅有利于调动教师工作的积极性，而且使学校能够充分发挥对教学的诊断与导向功能，使教学质量目标变成可以预期的科学目标，从而有效地监控教学质量。

（2）有利于专业水平的发展

创设教学电子档案也是建立一种对教师的动态评价体系，通过评价，教师不断总结自己的经验进行反思。通过评价，激发了教师不断改进教学的主动性和创造性。运用电子档案通过收集表现教师发展变化的资料，能够反映教师的成长轨迹。教师本人在收集资料时有更大的主动权和决定权，能够充分体现个体差异。评价时用动态的、发展的眼光，对教师教学工作的各个环节进行系统的、全程的、循环反复的评价，这样就有利于教师专业水平的发展。

（3）有利于整体水平的提高

利用互联网（校园网）或电子信箱建立教师教学工作电子档案，可以充分发挥网络资源的作用，使各种信息资源得到广泛交流与共享。因此，学校应利用各种资源为教育教学工作服务，教师应积极参与电子档案的建设，运用网络技术贡献自己的教育教学经验和成果，使之成为教学资源的一部分，与广大同行交流和分享。另外，学校还应定期与不定期展示电子档案，教师可随时通过电脑，阅览自己和他人的电子档案。教师通过阅览电子档案不仅看到了自己的优点，树立了自信，同时也发现自己的不足与他人的长处。这有利于形成互相学习、互相帮助、共同进步的群体氛围，促进教师整体水平的提高。

三、高校档案的意义

高校档案是师生员工辛勤劳动的成果，是促进和提高教学管理水平的基础，是学校的宝贵财富和智力资源。搞好教学档案管理，积累教学活动的真实历史资料，对促进高校全面改进教学工作、提高办学质量具有十分重要的现实意义和历史意义。

（一）教学档案管理是档案管理中的重头戏，是教学部门不可或缺的工作

学生自入学到毕业，教师从教入手，教什么、怎么教到教的结果如何，教与学的整个教学活动的每一个环节所留下的每一步进展的痕迹，所形成的具有保存价值的文字、图表及影像材料等就是教学档案，如教学业务档案（上级机

关下发的有关教学工作的文件、课堂及实践教学资料、教学计划及总结、教育改革、教学研究、教学质量评估、师资培养、典型教案、编著教材、实习实验指导书、教学检查总结、对学生的考察情况、教师教学日历等）、学籍管理档案（学生入学登记表、学生学籍异动情况记录表、学籍卡、学历学位发放记录登记表等）以及其他在教学活动过程中直接形成的文字、图表及影像材料。

为使教学活动按计划有序地进行，高校的教学管理部门和各二级教学单位都制定了一系列的教学管理规章制度、教学计划、教学大纲、教学进程表等。为了对教与学的质量进行有效控制，教学管理人员不仅要直接向教师和学生进行了解，而且要翻阅“有据可查”的教学业务档案。因此，教学管理工作离不开教学档案。教学管理人员有责任、有义务收集、管理好教学档案。

高校以教学为中心的价值取向，使得教学档案管理的重要性不言而喻。教学档案管理就是要及时、完整、全面地收集具有真实性和原始记录性的教学文件、教研材料、教学成果等方面的信息，并对这些信息进行分类整理和归档工作。进行教学档案管理不仅是档案管理人员的责任和义务，也是教学部门不可推卸的义务。因为教学资料的及时收集离不开教学部门人员和每位教师的配合，只有档案管理人员和教学部门人员齐抓共管才能确保教学档案的记载最具及时性、完整性和权威性。

（二）教学档案是高校教学水平的客观记录和反映

档案是社会历史发展的客观记录。教学档案是高校教学水平高低的客观反映。通过对历年的讲稿、教案、实习实验指导书等进行比较研究，可以看出教学的水平。作为一名教师，如果讲稿、教案、实习实验指导书等多年来一成不变，说明教师的业务水平没有提高，也就意味着教学水平停滞不前，跟不上时代发展的步伐（实则就是一种倒退）；对历年的学生考卷、学生考试成绩、优秀毕业设计、历届毕业生跟踪调查材料等的比较，同样能反映出学生学习的情况；对同类学校间教学档案的“横向”比较，能直观地反映各个高校教学水平及教学管理水平的高低。这些都是探求如何加强教学管理、提高教学质量的重要依据和基础。

同时，教学档案所收集、积累的各种教学反馈信息，能为今后的教学提供大量翔实的资料，使教学研究和改革能够准确地反映实际情况，从而促进教学水平的提高。例如，对教师教案、教学测评等的研究和比较，可以看出教师教学水平和能力是否提高；对历年的试卷、学生考试成绩等的比较，可以看出学生对教学改革的接受能力。教学档案能直观地反映出教学水平及教学管理水平的高低，为如何提高教学质量和教学水平提供重要依据。

四、高校档案的价值

（一）高校档案的价值分析

1. 高校档案具有重要的参考价值

高校档案是高校教师集体智慧的结晶，因而对高校教学决策、改革、创新都具有十分重要的参考价值。比如，高校档案对高校教学方面的规章制度就具有重要的参考价值。这主要是由于教学档案不仅对高校的教学过程、教学内容、教学方法等进行了十分详细的记载，而且具有很大的存储量，这对于提高教学制度的科学化、规范化、效能化具有十分重要的作用。再比如，高校档案对教学管理工作也同样具有十分重要的参考价值。高校在进行教学改革过程中可以参考过去的教学档案进行，对于一名新教师同样可以参考过去的教学档案进行教学。

教学档案管理还能够为改进教学方案提供依据，有效提高教学质量。高校的主要任务是培养人才，教学质量的好坏能够从教学档案中进行分析，通过教学档案获取较多的培养人才的经验，能够更好地完善教学模式，为教学活动提供科学的借鉴。另外教学方式的好坏直接影响到课堂质量，好的教学方式能够使教师更加轻松愉悦，同时使学生在快乐中学习。通过教学档案的分析，对比教学方法，并加以改进，能够提供更多适合学生的教学方案。

2. 高校档案具有重要的文化价值

教学文化是学校的重要资源，具有很强的传承作用。高校档案是对高校发展的一种文化记录，因而具有重要的文化价值。高校档案对高校各级各类管理人员、广大教师的教学情况（包括教学计划、教学方案、教学实践）的记载和保存，使其变成一种具有延续性的文化体系，能够对高校未来的教学活动和教学发展起到启发、提示、传承的重要作用，因而可以说高校档案是一种文化现象。特别是通过对高校档案文化价值的挖掘和利用，能够使这种教学文化通过一代又一代的传承体现出高校的文化轨迹，因而高校档案具有十分重要的文化价值。

3. 高校档案具有重要的证明价值

教师业务档案和学生档案，是高校档案的重要组成部分，这两个部分对于教师的教学过程和学生的学习过程都具有很强的证明作用。比如，教师业务档案记录了教师的教学情况、学术发表情况以及其他活动，能在一定程度上说明教师的教学能力，反映教师的教学态度，高校可以根据教师的教学档案记载，对教师的能力、素质、态度、贡献等做出科学的判断，有利于发现人才和用好人才；再比如，高校档案同样记载了学生的在校情况，不仅对学生具有很强的证明作用，无论是学生毕业之时还是学生毕业之后，这些都对学生在校情况具有重要的证明作用，对于学生今后就业乃至职业发展也都具有重要作用。

4. 高校档案具有重要的动力价值

高校档案不仅是一种记载，也是教师教学成果的真实反映。这些教学成果的记载对教师也是一种肯定，能够使教师受到激励和鼓舞，特别是当教师的教学内容、教学方法、教学模式通过有效的开发和利用，形成一套教学模式之后，教师能够在心理上产生一种成就感，并且能够更加深入地开展教学研究、教学改革和教学创新。由此可见，高校档案具有十分重要的动力价值。高校档案还能够在教学评估过程中发挥重要的作用，它能够使每一名教师的教学档案成为教师继续进行深入教学研究的动力。

5. 高校档案具有重要的使用价值

完整系统的教学档案是一个学校教学活动内容与效果的全面概括和客观反映，并能为教学管理工作提供有力的凭证和参考。高校档案真实地反映了学校各个时期的面貌，无论是对于学校编史修志，还是对于行政管理、教学、科研、维护学校或师生员工的利益等，都有着重要而特殊的参考、凭证、借鉴作用，尤其是不同历史时期的珍贵史料和科学技术领域的尖端成果档案，对于发展教育事业、服务经济建设具有很高的开发利用价值。我们必须充分利用教学档案，实行科学化管理，将各位教师、教学管理人员在教学活动中形成、积累的各种资料、数据、信息准确地收集、整理成系统化的教学档案并及时地反映到领导手中，用以指导和协调与教学有关的各项工作，确保学校教学工作的正常有序进行。

6. 高校档案具有重要的教育价值

按照我国国家档案局 1995 年颁布的《高等学校档案实体分类法》，高校档案包括党群、行政、教学、科学研究、产品生产与科技开发、基本建设、仪器设备、出版、外事、财会十个一级类目。毫无疑问，这样的档案管理分类，明确地涉及高等学校的人事管理、教育教学管理、学生管理、科技工作管理、学校发展建设管理等方面。事实上，高校档案就是一部学校发展史，这使得高校档案具有了无可替代的人文教育价值。

首先，高校档案对高校发展具有启发借鉴作用。高校档案包含着学校教学工作的方方面面，久而久之就成为高校年复一年发展的资料汇集、学校发展壮大的创业史。任何一所高等学校，都经历了由小到大、由弱到强的发展历程，在这样的发展历程中，一代代人筚路蓝缕，艰辛创业，成就了今天高校的辉煌业绩。他们的创业情景，对今天在校师生，都具有教育意义与认识价值，是对师生员工进行人生和事业教育的最直接而生动的教材。

历史的作用还在于以史为鉴，即“鉴于往事，有资于治道”。高校的历史也概莫能外。任何高等学校的发展都不是一帆风顺的，在发展过程中总要遇到这样那样的问题。高等学校的档案既给后人提供了成功的范例，也为后人提供了可资借鉴的教训。这样的借鉴，不只是局限于一所学校本身，其他学校在不同发展阶段的经验教训也都可以为我所借鉴。例如，我们将世界名校如哈佛、剑桥、牛津的经验学来，对我们的高校发展一定有启发作用。而历史上一些高校曾经遭遇的挫折，也可以使我们在发展中少走弯路。尤其在目前我国高等教育蓬勃发展的背景下，发展中出现一些问题也是不可避免的，在发展中学习历史的和国外的成功经验，更具有重要的现实意义与深远的历史意义。关键的问题就在于怎样用好档案，分析其有积极价值的因素，发挥其应有的功能与作用。

一所学校或者不同学校在不同的历史时期取得的成功经验与做法，对于今天的教育教学也一样具有借鉴意义。汲取成功的教育教学经验和管理经验，不仅可以提高教育教学效果，也可以提高对学生教育的管理效果；从学生的角度上看，从前贤成功的经历中借鉴人生经验，对自身成长也裨益良多。

其次，高校档案对培养学生的价值认同感，进行校园文化教育具有重要意义。高校档案蕴含着一所高等院校的校园文化与核心价值理念，是校园文化教育的最好载体。高校的档案中无论是党群部分，还是教学部分，都包含着校园文化建设及形成过程的要素，其中沉淀着一代代学校教师、学生所追求的核心价值理念。例如，分析党群部分的学生社团材料，可以从不同时代的学生社团构成、社团活动、社团宗旨等方面窥见社团的价值理念，而这个价值理念同那个时代以及那个时代人们的精神风貌、理想与追求等是密切相关的。又如，分析北京大学“五四”时期的学生社团档案材料，完全可以清楚地发现那个时代北大人追求爱国、进步、民主、科学的精神风貌，而这样的精神风貌，正是北大校园文化的核心，它们不仅影响了那个时代的北大人，也影响着后来的北大人，是自那以后北大人共同秉持的核心价值观。这种值得自豪的校园文化对后世的影响和教育虽然是无形的，但不可或缺，也是不可替代的。

"榜样的力量是无穷的"，校园文化和核心价值理念产生并孕育于学生学习与生活的校园环境中，并且在学校的不断发展中流行播衍、弘扬光大，而后来的学生对于这种文化产生的环境往往具有恍若昨日的认同感，于是，他们就很容易受到这样一种共同环境影响下的文化氛围的熏陶与浸染，校园文化和核心价值理念对他们也就易于起到一种潜移默化的作用。因此，挖掘高校档案中的校园文化与核心价值理念，对于凝聚学生的文化认同心理和价值认同心理，进行校园文化教育显然具有重要意义。

再次，高校档案对学生的学校归属感教育具有不可替代的作用。按照马斯洛的需求层次学说，归属与爱的需要是一个人重要的心理需求，对一个人的自我价值认同、自我定位、生活与学习的积极态度等都有重要意义。学校归属感是指学生对自己所就读的学校在思想上、感情上和心理上的认同和投入，愿意承担作为学校一员的各项责任和义务，乐于参与学校活动。学校归属感是学生感觉到自己是班级或学校中重要的一员、被他人接受、被他人认为有价值并与他人成为一个整体的一种情感。高校档案对于培养学生的归属感具有积极意义，充分利用档案资源，可以使学生对学校有准确的、充分的了解，可以使学生对学校和自己的关系以及自己在学校中的地位形成准确的认知。当学生定位自己是学校的一员，就会自觉地维护学校的声誉，产生主动学习和乐观生活的人生态度，从而对他们的成长产生积极的作用。

最后，高校档案对培养学生的职业认同感与职业归属感具有现实意义。大多数高等院校都将专业理论教育和专业技能教育作为人才培养的重点，大学教育对于学生未来从事的职业一般具有直接的影响。良好的大学教育传统，是学生成功的事业起点和人生起点。无论是高校档案中的学生档案，还是教育教学档案、科技档案乃至学科建设档案，都是很多学生赖以获得成功的基础，从中除了可以了解一所学校办学成功的轨迹，还可以了解学生成长与成功的轨迹，这些对于今天的学生进行职业认同感与职业归属感教育无疑都有重要作用。

高校档案功能的发挥，有赖于人们对高校档案这些功能的认识与挖掘，但更为重要的是，高校档案教育功能更直接、更感性，更容易发挥其效用。这一特点是其他形式与内容的教材所无法比拟的。因而如何更好地挖掘、发现档案的教育价值并进而有效地贯穿在学校教育中，是需要认真探讨的重要课题。

7. 高校档案具有重要的教学价值

教学档案的管理为强化教学管理提供了有效的依据。在高校教学管理过程中，教学管理水平很大程度上依赖于学校的教学档案管理。高校教学管理者通过对学校档案的分析和总结，可以从宏观上确定学校的教学发展方向，并拟订科学的教学计划，合理安排教学，从根本上制定学校的长短期规划；还可以根据教学档案中的师生奖惩材料和思想汇报材料，调整思想教育工作，使教师全身心地投入教学工作中去。

8. 高校档案具有重要的记录价值

教学档案能够为校史编撰提供丰富的素材。高校校史体现了一个学校从建立到发展的全过程，反映了学校的教学成绩和科研能力，也是体现学校形象的重要依据。而教学档案则积累了丰富的教学足迹，为校史的编撰提供了依据。教学档案将学校的发展历程和要素按照类别明确地分类和管理，每一个类别都有其标注的档案盒，根据档案盒上的标注文字，便可以找到相应的资料，这是教学档案管理的一个便捷之处。

（二）高校档案的价值鉴定

档案的价值鉴定是档案馆（室）按照一定的原则、标准和方法，甄别和判定档案的现实使用价值与历史价值，确定档案的价值等级和保管期限，对失去保存价值的档案做相应处理的一项档案业务工作。

1. 教学档案价值鉴定的基本原则

（1）现实与历史辩证统一的原则

档案是人类历史活动的产物，也是历史事件的真实记录，它是在一定的历史条件下形成的，与一定的历史条件相联系。教学档案鉴定必须把历史唯物主义和辩证唯物主义作为鉴定工作的指导思想。鉴定档案价值，必须尊重历史，坚持历史唯物主义的观点和方法，根据档案产生的历史条件、时代背景以及在历史上的作用，结合现实需要来考虑档案的价值。因此，分析档案的价值必须把档案放在它所形成的历史环境中，去具体分析档案的内容和形式。也就是说既要重视档案的现实价值，又要重视档案的历史价值，不能简单地用现在的眼光去看待以往的档案，离开当时的背景，对档案的有些内容就可能难以理解，对于历史上形成的某些内容不正确的文件，也应该正确对待，应该根据当时的历史条件加以分析，以维护历史的本来面貌。

（2）遵循教育教学规律的原则

教学档案是按教学周期形成的，具有定向性、延续性、阶段性和循环性等诸多特点，具有其自身的规律。因此，在教学档案价值鉴定的过程中必须按照教育教学规律办事，把遵循教育教学规律作为教学档案鉴定的前提。

（3）需求性原则

从档案的价值形态角度看，教学档案应具有利用价值（使用价值）和保存价值，但无论是利用价值还是保存价值又都是和教师个人、学校的事业发展乃至社会的进步密切相关的。因此，在教学档案价值鉴定的过程中必须用全局观点，从学校的整体利益出发，用全面的、历史的、发展的观点认识和估计教学档案对各项工作的作用，判定档案的利用价值和保存价值。

（4）客观性原则

教学档案的价值鉴定要以档案文件所共有的原始记录性、凭证和信息作用、产生的历史背景和条件等要素作为鉴定工作的基础，必须尊重客观实际，充分衡量档案应用需求之广度、深度、特殊性及时效性，切忌擅断和主观。

（5）科学性原则

科学性是教学档案价值鉴定的本质要求。教学档案的价值鉴定是一项十分复杂的系统工程，科学地选择鉴定标准是开展鉴定工作的前提。在教学档案价值鉴定的过程中应充分依据教学档案的性质及其应用需求，选择适当的鉴定标准。

（6）完整性原则

教学档案是在教学活动过程中按一定的程序形成的原始记录和轨迹，准确记载了教学活动的过程，描绘了教学活动的轨迹。就这一点而言，教学档案的特点首先体现在它的完整性上。如果搜集的材料不完整，教学档案就不能客观、全面地反映教学过程。因此，在教学档案价值鉴定的过程中应遵循全宗原则，将完整作为教学档案鉴定的总要求之一，尽可能体现档案的完整性、系统性、配套性和来源特性。

（7）去粗存精原则

教学工作是一个动态发展的过程。教学档案是在教学活动的过程中形成的，但并非在教学活动中形成的材料都有归档价值。材料是形成教学档案的基础，教学档案是材料的精华。材料是否需要归档，唯一尺度就是看其对今后的教学工作和教学研究有无凭证作用和参考价值。只有按照一定规律、经过科学整理保存起来的、具有参考价值且便于查考的材料才是真正意义上的教学档案。随着教学工作的正常进行，教学档案会源源不断地产生。我们必须在不违背完整性原则的前提下，去粗存精，开展反映学校教学工作全貌和教学改革、专业建设、课程建设、师资队伍建设、学生能力培养与技能训练、教学管理等具体方面业务档案的精选工作，将精练作为教学档案鉴定的另一项总要求。在教学档案去粗存精的过程中应特别注重档案内容价值，千万不能因档案媒体形式的不同等因素而影响筛选。

（8）参考案例原则

档案鉴定有许多共同规律和共性特点，同类档案鉴定又应采用相同的标准，同行之间还有许多教学档案管理经验可以汲取。因此，在教学档案的鉴定过程中应注意参考过去相关档案鉴定的结果和汲取他人之所长。

教学档案鉴定除应遵循上述共同原则外，还应根据具体档案自身的个性特点选择遵循各自独特的原则、标准和实施方法。在确定档案鉴定各自独特原则、方法时，除了应从档案产生的历史背景、条件、内容、数量等因素考虑外，还应侧重从以下五个方面进行考虑。一是时间（时期）因素，即将某一时期某一类的档案全部保留或全部销毁，这是一种特殊的处理原则，而不是档案鉴定一般原则和标准。二是职能和事件重要性因素，即根据产生档案的机构、组织、个体的职能和某项具体教学工作的重要性来确定档案的价值。三是利用频次因素。一般来说档案利用频次和利用率与档案价值和价值实现成正比。四是信息开发利用程度因素。信息具有时效性和老化现象，随着时间延伸，档案信息价值会递减。五是保管期限因素。档案进馆（室）前鉴定划分的保管期限是对档案文件价值的判定，永久档案比定期档案价值要大，后续鉴定中一般对定期档案要严，而对永久档案相对要慎重一些。

2. 教学档案价值鉴定的基本方法

我国《高等学校档案实体分类法》明确规定，教学档案的主要内容包括学校在学科、专业与实验室建设、招生、学籍管理、课堂教学与实践、毕业生工作、教材建设与管理等教学活动或教学管理过程中形成的有保存价值的文字、图表、声像载体等材料。鉴于此，结合教育部《普通高等学校本科教学工作水平评估方案》，高校档案的归档内容主要应包括以下诸类材料。一是办学指导思想类材料，主要包括学校定位与办学思路、教育思想观念、教学中心地位、人才培养目标、学院与社会的联系等方面。二是师资队伍建设类材料，主要包括师资队伍规划，教师整体结构状态，青年师资队伍结构，主讲教师资格，师资培养，教师编著的教材、讲义、教案（文字和电子）和开发利用的各种教学课件、教学总结、教研成果，教师进修深造和教学观摩活动情况记载，工作量统计，教学效果和质量评价等方面。三是教学条件与利用类材料，主要包括教学基本设施、教学经费和教室、实验室、实习基地、图书馆状况以及运动场面积、体育设施等方面。四是教学建设与改革类材料，主要包括专业建设、学科建设、教学计划、课程建设、教学内容与课程体系改革、教材建设与成效、教学方法与手段改革、双语教学、实践教学内容与体系等方面。五是教学过程业务类材料，主要包括教学计划和教学大纲的制订或修订及执行情况、师资配备情况、授课计划表、教材使用、课程表等方面。六是考试管理类材料，主要包括各门课程的期中、期末试卷，补考试卷，试卷分析及考试总结等方面。七是实践教学类材料，主要包括实验和实训教学、实习和见习、社会实践、毕业论文或设计等方面。八是学籍管理类材料，主要包括新生录取名册、学籍成绩及学分登记表、奖惩情况、学籍异动情况、毕业生名册、学位授予情况等方面。九是教学管理类材料，主要包括管理队伍结构与素质、教研与实践成果、教学规章制度的建设与执行、教学环节的质量标准、教风和学风状况、教学评估与检查等方面。十是教学效果综合评价类材料，主要包括学生基本理论掌握与基本技能运用、创新与实践能力和毕业论文或设计情况、思想道德修养、体育合格状况、社会声誉等方面。十一是教学工作特色类材料，主要包括有关特色项目内容、效果等方面。

教学档案价值具有四个显著特点：一是教学档案价值的潜在性；二是教学档案价值的双重性；三是教学档案价值的唯一性；四是教学档案价值的非商品性。鉴于此，鉴定教学档案价值的基本方法应采用直接鉴定法。第一，鉴定人员必须直接审查教学档案材料，根据教学档案的具体情况直接判定其价值。只有充分了解教学档案的实际情况，并且掌握鉴定教学档案价值的标准，才能依据教学档案保管期限的有关规定来判定档案的价值。第二，鉴定人员要逐件、逐页地审查教学档案材料，从档案的内容、责任者、名称、完整程度、可靠程度等方面，去全面分析档案的价值，而不能仅仅根据案卷目录或题名判定档案的价值。因为目录或题名概括档案内容及其他特征可能不一定准确，更不可能全面反映档案的详细内容和全部情况。

3. 教学档案价值鉴定的标准

鉴定标准是鉴定工作得以顺利进行的关键，是分析鉴定质量的度量衡。因此，为保证鉴定准确、去留无误，在制定鉴定标准时，就必须全面考虑被鉴定教学档案的实际情况，从档案的原有价值、稽凭价值等方面制定相应的鉴定标准。

（1）鉴定教学档案的原有价值

鉴定教学档案的原有价值可以把教学档案的来源、内容、形式及替代特性作为基本评价标准。

①分析教学档案的来源。教学档案的来源主要是指教学档案的形成者。形

成者是指文件的责任者或立档单位。分析档案的来源时应注意把握三点。一是通常情况下，形成者的级别越高，其文件价值就越大；反之，则越小。二是一般来说本单位形成的文件比外单位形成的价值大。因此，分析文件的价值，应站在本单位的角度，重点保存本单位形成的文件。三是在学校内部，教学管理职能部门和系（院）的教学档案具有保存价值。教学管理职能部门和在教学实践活动第一线的系（院）是教学档案形成的主体，其在活动中形成的各种教学管理和教学实践活动材料，是学校一定时期教学活动的真实记录，反映了学校一定时期教学活动的真实面貌，这些教学档案在当前具有极高的依据和凭证作用，在今后对学校的教学管理和教学实践活动同样具有很高的凭证、查考和借鉴作用，因此其保存价值也就较大，有的甚至具有永久保存价值。而那些来源于学校下属其他有关部门的教学档案只是在本部门或较小范围内查考利用，因此其保存价值就较低，有些仅在本部门作短期留存。

②分析教学档案的内容。教学档案的内容是决定档案价值最重要，也是最本质的因素。文件内容所记录的信息和反映的情况，是分析判定档案价值的关键因素，也是鉴定档案价值的基础。因此，鉴定教学档案价值必须着重分析文件档案的内容，其中教学档案内容的重要性、真实性、时效性等因素又是衡量教学档案价值大小的重要依据。文件的用途是和内容联系在一起的，分析文件的内容，主要是看它说明了什么问题，反映了什么事实。一般来说，凡是反映教学工作方针政策、重大事件、主要业务活动的比反映其他一般业务活动的重要；反映本单位教学工作主要活动、基本情况的比反映非主要活动和一般情况的重要；反映中心教学工作的比反映日常教学工作的重要；反映全局性教学工作的比反映局部性教学工作的重要；反映典型性教学工作的比反映一般性教学工作的重要。

③分析教学档案的形式。教学档案的形式是指教学文件的名称、责任者、载体形式以及归档文件的完整程度等。在某些情况下形式往往也是衡量档案价值标准的重要依据。就文件名称而言，不同文件的名称往往表示着文件的不同作用，在一定程度上反映出文件的不同价值。文件名称不同，用途不同，而保存价值也不同。比如规划、规定、决定、决议、纪要、报告、总结等，就比一般性的通知、简报重要，价值也大。应该注意的是，在分析文件名称时，必须将其和分析文件的内容等因素结合起来。就文件形成的责任者而言，由于教学档案的收集、保管是以本校产生的教学档案为主的，因此，在价值鉴定时，就要以本校形成的教学档案为重点，而其他单位形成的教学档案与本校教学活动

有关的文件材料则仅在一定时期内予以保存，以备查考。就载体形式而言，教学档案除了纸质档案以外，还有照片、录音带、录像带和光盘等电子档案，这些载体档案，往往是本校教学管理和教学实践活动中的精华所在，是教学活动中精华部分的真实刻录，它在今后的教学活动中具有很强的凭证、依据作用和指导、借鉴作用，因此，这部分载体档案往往具有很高的保存价值。就归档文件的完整程度而言，必须最大限度地保证全宗内档案的完整和反映历史面貌。在正常情况下，数量大、档案材料比较完整的文件，保管期限就应长一些；如果主要文件散失，那么次要文件保存价值尺度就应短一些。

④分析教学档案的时效性。文件形成时间表明文件产生的历史。衡量教学档案价值的另一个重要标准，就是看其文件档案的时效性。一般来说，文件产生的时间越早，保存下来的就越少，也就越显得珍贵，其价值就越大。例如，上级教育主管机关下达的某些指令性、指导性文件，以及本校在教学管理和教学实践活动中形成的有关材料，由于它们的时效长，在今后教学活动中需要长期查考利用，因此其保存价值相对就较高，我们在价值鉴定中，就应把这部分教学档案列为长期保存；而对于那些仅在短期内查考的档案，由于时效短，其保存价值相对就较低，仅作短期保存。

⑤分析教学档案的替代性。档案是否可替代是衡量档案价值的重要因素。如果某教学档案具有不可替代性，其价值就会越高；反之，如果某教学档案可以由其他档案所替代，其价值就会越低。在教学档案价值鉴定的过程中，应注意做好可替代档案的更新删除工作。

（2）鉴定教学档案的稽凭价值

稽凭价值是指档案作为稽核凭证的价值。教学档案保存的目的在于教学管理和教学实践活动等方面的利用。因此，鉴定教学档案的价值不仅要从教学档案的原有价值去分析，还应从教学档案的稽凭价值去分析掌握。鉴定教学档案的稽凭价值可以把档案功能的重要性、档案资料的可信度、与其他档案的关联性、考评绩效的参考性、影响评估的可能性作为基本评价标准。

①档案功能的重要性。教学档案价值大小往往取决于其所反映的内容和需求是否重要。一般说来，能反映学校教学管理和教学实践活动的真实历史全貌，在今后教学工作中需要长远利用的档案，其价值就比较大。例如，上级教学主管部门下达的针对本校的有关专业设置、招生等方面的计划、指示和本校制定的各种教学制度、办法、规定、条例以及教学工作中的各种重要统计报表等，这些教学文件材料，对当前教学工作具有重要的凭证和依据作用，在今后学校

教学管理和教学实践活动中同样具有长远的查考利用价值。因此，这部分教学档案就显得十分重要，需要永久或长期保存。而像各实习小组或社会实践小组的计划、总结等教学文件材料，虽在一定时期对教学管理和教学实践活动具有一定的指导和参考价值，但对学校长远的查考利用价值不大，这些文件归档后往往仅作短期留存。

②档案资料的可信度。档案可靠程度直接影响甚至决定着文件价值的不同。只有反映教学管理和教学实践活动的真实过程、具有真实可靠这一基本属性的档案资料，才可作为教学管理和教学实践活动的凭证和依据，具有一定的查考利用价值。也就是说，档案资料的可信度也是衡量教学档案价值大小的重要标准之一。看档案资料的可信度主要看其所形成的教学文件材料是否具有原始记录的独特性质。例如，新生录取名册、学生学籍卡、学籍异动等材料，都是学校学籍管理工作中形成的原始记录，具有很强的真实性和可靠性。这些档案材料为日后编史修志、了解学校培养成果及办理毕业证明等可提供凭证和依据，因此具有很高的保存价值，需要永久或长期保存。而教师教学过程中摘编的一般性教学参考资料，由于摘编的种种人为或非人为因素，往往会降低其真实性和可靠程度，价值相对较小，不宜作为凭证和依据。

③与其他档案的关联性。由于教学档案具有过程性、周期性、成套性等特点，因此，某一个具体教学档案与其他档案的关联性便成为鉴定该教学档案价值的依据之一。一般而言，某教学档案与其他档案的关联度越高，且不可替代，其价值也就越大。例如，新生录取名册是学生被高校录取的凭证，是其他学籍档案存在的基础，它与学生学籍卡、学籍异动记录、毕业证书发放登记表等其他学籍档案联系非常紧密，因此，其实用和保存价值也就更大。

④考评的参考性和影响评估的可能性。教学档案是高校档案的主体，是衡量教学质量和管理水平的重要标志，也是学校开展教育、教学评估工作的基础和依据，它对于开展教学研究、进行学术交流和总结过去、指导现在、规划未来具有独特的作用。教学档案是否齐全、适当，直接影响到学校办学绩效考核、教师教学质量考核和学生综合素质反映的客观性，影响到教育、教学评估的结果。因此，评价教学档案的价值必须充分考虑其对考评的参考性和影响评估的可能性。以上各个标准不是孤立存在的，它们之间互为补充，在实际工作中，应根据各立档单位的不同状况具体分析、灵活运用，从而切实保证鉴定工作的准确性。需要指出的是，价值鉴定工作是一项综合性、专业性很强的工作。随着高等教育改革的不断深入和现代化事业的不断发展，教学档案来源更加广泛，

载体形式更加多样，文件之间的联系也更加复杂。这就要求我们在遵循教学档案价值程序、方法和标准的同时，必须充分重视鉴定人员业务素质、水平的提高以及档案工作经验的总结和积累，只有这样，才能真正保证教学档案价值鉴定的质量。

第二节　高校档案的基本内容

高校档案作为教学管理和教学实践活动过程中形成的文件材料：首先必须对学校和社会当前与长远具有参考价值和凭证作用；其次必须反映教学管理、教学实践活动的全过程，力求完整、准确和系统；最后必须遵循其自然形成规律，保持有机联系，符合教学管理和教学实践活动的成套特点。具体地说，高校档案主要包括以下几个方面的文件材料。

一、教学管理活动中产生的综合性材料

教学管理活动中产生的综合性材料主要包括上级下达的教学工作方面的规划、指示、规定、办法，学校制订的教学工作规划、工作计划、实施计划、工作总结，有关教学方面的制度、规定、办法、条例、会议记录、检查、评估和各级优秀教学质量评奖材料、年终统计报表、学生运动会材料等。

二、学科与实验室建设方面的文件材料

学科与实验室建设方面的文件材料主要包括上级有关学科、专业设置及实验室建设的文件材料，学科、专业、实验室论证、评估、申报、审批材料，重点学科、专业、实验室建设材料，学科、专业、实验室建设统计报表，等。

三、招生管理方面的文件材料

招生管理方面的文件材料主要包括上级有关招生工作的文件材料，学校的招生计划、生源计划，新生录取材料及新生名单，委培、代培、自费生招生计划、合同及新生名单，研究生入学试题，等。

四、学籍管理方面的文件材料

学籍管理方面的文件材料主要包括新生入学登记表、学生学籍卡片、学生成绩总册、在校学生名册、学生学籍变更材料及学生奖惩材料等。

五、教学计划及课程教学实践方面的文件材料

教学计划及课程教学实践方面的文件材料主要包括学校各专业教学计划、教学大纲，课程建设要求及安排，校历表，课程表，各系、科、专业课程试题库，典型教案，重要备课记录，教师情况调查表，电化教育中的录音、录像、磁带，等。

六、学位工作方面的文件材料

学位工作方面的文件材料主要包括上级有关学位工作文件材料，本校学位评定条例、办法、总结，学位委员会会议记录，学位委员会授予各层次学位清册，本科生优秀学士学位论文，博士、硕士研究生学位论文及评审材料等。

七、毕业生工作方面的文件材料

毕业生工作方面的文件材料主要包括上级有关毕业分配的文件材料，毕业生工作计划、简报、总结，毕业生分配方案、调配派遣名册，毕业生存根，毕业生合影以及毕业生质量跟踪调查和信息反馈材料等。

八、教材方面的文件材料

教材方面的文件材料主要包括自编教材、主编教材、教学指导书、课程设计指导书、实验指导书、实习指导书和习题集等。

九、教师培训方面的文件材料

教师培训方面的文件材料主要包括教师教学情况，教师工作量的规定及执行情况，教师业务考核材料，教师进修培训的计划、总结、学习成绩等文件材料。

第三节　高校档案的作用

一、高校档案在高校各项工作中的作用

（一）凭证、依据作用

高校档案是高校各项工作的真实记录和重要载体，档案信息是高校评估工作的重要内容，是对高校办学历史的真实反映，是高校评估的基础和依据。高

校评估工作离不开档案信息，在本科教学水平评估中，专家对教学工作基本情况，教学条件、过程及效果的信息采集和等级的判断，一个极为重要的途径和方式是通过档案，离开档案谈评估，可以说是无源之水、无本之木，没有高校档案，就无法进行有效的高校教学评估。教学档案是高校教学原则、培养目标、专业设置和教学内容、方法、途径、效果的真实记录，是衡量高校教育管理水平和教育质量的重要标志之一，是高等学校档案的主体、核心和重点，它为教学工作评价提供重要依据。

教学档案的凭证、依据作用，主要体现在：一是为教师的职称评定、职务晋级提供学历、教学经历、教学工作等具有权威性、完整性和不可替代性的材料，起到“立字为证”的作用；二是为学校的各项评估提供原始和真实的数据。近年来，在教育行政管理机构对高校各项工作开展的评估中，高校向评估专家组提供的相关背景材料主要来源于教学档案。专家组通过对教学管理档案的查阅，凭借教学档案提供的信息，迅速地对学校的教学计划及完成情况、课程设置、科研成果、学生成绩等内容进行定量分析和准确判断，依据教学评价体系对学校的各项工作给予客观评价。因此，教学档案的完整性、系统性和准确性对于教学评估结果的作用往往是直接而重要的，是教学评估工作的重要基础。

（二）参考、借鉴作用

教学档案是前人教学、实践的最原始记录，不但有存贮信息、知识的功能，而且具有参考交流、学习、参考、借鉴的作用。前人优秀的教学方法技巧、先进的教育理论和理念都可供后人参考借鉴；即使不成功的做法也可以从反面给人以警示，以免后人“重蹈覆辙”。同时，教学档案为教育评估和教学评价提供真实的原始资料，为教育评估的顺利进行提供了参考、借鉴作用。因为无论教育评估工作程序、指标体系、组织机构如何确定，最终都将凭借大量的教学档案材料进行综合分析，从而对一所高校进行客观全面的评价。

同时，要提高教学管理水平和教育质量，需要不断借鉴已有的教学成果和教学经验，在原有的教学工作基础上优化教学模式，改进教学方法。教学档案以知识原载体的形式凝结着教师从事教学活动成功的经验和失败的教训，对进一步改进教学工作、提高教学质量具有广泛的参考和借鉴作用。例如，教学计划、教学大纲等材料作为依据性文件，在课堂教学中起着重要的指导作用。又如，在课堂教学、教学实习、野外实习、社会实践等活动中形成的各种载体的教学档案，不仅可以反映出教学中的成功与不足，为改进教学工作提供依据，而且有关教案、实习指导书、论文以及各种技能操作的文字、图片、音像等材料，也可以在今后的教学活动中作为对学生进行讲解、演示或操作的辅助材料，直接服务于教学工作。

（三）中介、载体作用

教学档案是在教学管理和实践活动中形成的，本身具有分散性、复杂性、周期性、成套性等特点。教学档案所积累的信息资源具有通用性功能，由此成为教学活动的中介和载体，为教学经验的交流和教学成果的检阅提供了平台。高校的教学活动是一种智力型的高层次活动，教师和学生作为教学活动的参与者，都具有较高的素质，学校可以借鉴其他高校较好的教学管理经验改善自身的教学模式，形成教学互动；本校的教师和科研人员可以借鉴教学档案，进行自我评价。同时，教师可以吸收其他教师的长处来提高自己的教学研水平，学生也可以通过查阅教学档案了解最新教学动态。

教学档案里有教师和教学管理人员在教学过程中不断探索形成的最新教学研究成果。利用教学档案进行教学改革和创新的研究不仅可以省时、省力，而且可使研究成果更加真实、可靠。对教师历年的讲稿、典型教案、教学指导书的研究和比较，可以看出教学水平是否提高。对历年的考卷、学生考试成绩、毕业论文、毕业设计等教学档案的比较分析，可以了解和掌握学生的学习情况及对学生创新能力的培养情况。通过利用教学档案对各院（系）之间以及不同年级的学生之间进行横向和纵向的比较分析，可以找出影响学校教学工作发展的诸多因素，进而探索出教学规律，指导整个教学工作。学校教学发展规划的制定，也离不开对学校历史的总结，通过对历史的数据进行分析对比，结合现实的客观实际，进行翔实的分析预测，做出科学的判断，制定出切实可行的长远教学发展规划研究。而对学校历史的分析与未来的判断及预测都是基于长期以来积累的具有价值的档案资料来进行的，其中教学档案是非常重要的利用资料。

（四）交流、传递作用

教学实践中不断产生着新的教学文件材料，将其纳入教学档案中可形成动态的、数量浩大的、内容丰富的信息宝库，这不仅是教学实践和管理工作的信息资源，也是师生交流的重要工具。借助教学档案，形成一个紧密的教育教学信息网络，可以使教师和学生及时了解高校教学改革的最新成果和动态，快速准确地进行教学档案的信息查询、交流和传递。教学档案不仅是教师与学生交流的工具，也是不同高校之间交流的工具。例如，高校间的教学改革或评估都处于不同的时间，不同高校在此期间可以根据在评估期间形成的教学档案互相交流，互相借鉴彼此的优势。

（五）维权、激励作用

教学档案是说明学校教育教学工作中事实的最真实的依据，可作为证实学校和个人正当利益的法律文件，如高校学科、专业、学位点建设的报告与批件等。完整的学籍档案不仅是处理学籍问题的凭证，还可以辨识学历、文凭证书的真伪，有效遏制买卖、制造假文凭的行为，维护学校的声誉。另外，教学档案作为原始记录，客观、公正地记载了教师的教学态度、教学水平和创新能力，可以为考核教师教学工作提供可靠的依据，为教师的任用、考核、晋级、评奖等提供公正有力的凭据，有利于调动教师的工作积极性。

（六）服务、开发作用

发掘教学档案中蕴藏的珍贵信息可以有效提升高校档案信息服务水平。网络环境下的各项新应用又为高校档案信息个性化服务提供了技术支持，进而拓宽了高校档案信息服务的范围，优化了这种服务的内容和方式。

档案信息服务是指档案机构以特定的方式满足用户档案信息需求的过程。高校档案不但记载着一所学校的历史，也往往是追寻其所在城市历史的一个载体。高校档案信息服务是高校档案馆（室）基于馆藏资源为校内师生和校外公众提供档案信息服务的行为。

1. 新时期高校档案信息服务对教学档案资源的管理和开发提出了更高要求

（1）高校档案及其类别

高校档案是高校教学活动的客观记录，是反映教学成果的真实材料，是高校教学水平的真实体现。目前高校档案主要包括学籍档案、毕业论文和教材样书等内容。

学籍档案是指高校在读本专科生、研究生（学术型、专业型）和在职进修、成教学员、委培人员的所有与学籍有关的、具有长期存档价值的历史记录，它记载着各类学生在校期间的所有信息。在高校档案中，学籍档案所占比重和利用率都是最高的。本科生以及博士、硕士研究生的毕业论文和教师编写的教材样书是直接体现学校的学术走向和历史轨迹的原始资料，往往被图书馆收藏并用于提供文献传递服务。档案馆在这一领域的工作缺失反映了高校档案界的服务理念与图书馆界的差距，值得反思。

（2）高校档案信息服务格外重视教学档案的完整和规范

随着高校办学规模的扩大、教学模式的开放、专业设置的变化和招生数量的增加，教学档案的数量和种类急剧增加，涉及的部门越来越多，增加了收集和整理工作的难度。这在学籍档案的收集中最为明显。例如，学生的相关个人信息和成绩单来源于教务处，招生名录、奖惩记录和毕业信息来自学生处，等等。学籍档案出自多少部门，往往要视学校的机构设置而定。而这些部门所使用的管理软件的兼容性问题、多个部门的协调问题、具体工作人员的业务水平和责任心等等都影响着这项工作的顺利开展。

《机关文件材料归档范围和文书档案保管期限规定》（国家档案局令第8号）和《高等学校档案管理办法》（教育部令第27号）为高校档案管理提供了政策保障。在实际工作中，对于教学档案的收集和整理还需要根据现实情况与时俱进，以有利于高校档案信息服务为出发点探索工作新思路。

（3）重视高校档案信息服务有助于盘活教学档案的更多价值

在高校档案工作人员和档案利用者的观念中，教学档案的价值还基本停留在成绩查询和学籍材料真伪的鉴定方面。实际上，教学档案在高校档案信息资源开发方面还具有更多潜在价值。学生在校期间的各种奖励（如奖学金记录、各类比赛获奖证书等材料）不仅仅在学生在校期间保送研究生、转专业、入党、评优等工作开展时才派得上用场，殊不知，这些材料在学校与校友沟通时具有极大的利用价值。例如，在校友返校聚会、优秀校友返校做学术报告、学校与校友进行学术、科研合作和校企合作时，学校档案馆如能充分发挥馆藏资源优势，及时提供校友在校期间的“亮点”信息，会极大地拉近学校和校友之间的距离，真正让校友感到学校就是“娘家”。

2. 加强教学档案的管理有助于提升高校档案信息服务水平

（1）有助于推进档案信息服务社会化的进程

长期以来，高校档案部门更专注于服务本校的教学、科研和日常管理工作，对服务范围和服务对象的限制制约了社会对高校档案信息的广泛利用需求。新的社会环境要求高校档案界更新服务理念，改变以往“重藏轻用”的思维模式，定位于面向全社会进行档案信息服务。高校档案信息服务社会化，是指高校档案部门利用馆藏资源满足社会需求的一种信息服务行为，反映了新时期高校档案馆（室）在服务学校师生的同时，开始逐步重视社会日益增长的对高校档案信息服务需求的现象。网络环境对这一服务提供了便捷的同时，也强化了这一需求。高校档案机构要及时应对档案信息服务的社会化趋势，拓宽思路，研究如何将日常管理工作与这一趋势相结合。

（2）有利于优化高校档案编研工作成果

档案编研是档案信息资源开发利用的动力。目前多数高校尤其是建校时间较短高校的档案编研工作基本满足于低层次的信息汇集，针对性和实用性不强，缺乏组织与规划。加强档案编研选题的时效性，将选题与国家的重大纪念活动和学校的校庆等活动相结合，可以增强档案编研选题的前瞻性。在这项工作中，高校档案起着不可或缺的作用，因为它记录了学校教学活动的全过程，反映了一个高校的整体教学水平、学科设置、学术思想和学校的历史脉络，其蕴含的信息可以为高校撰写成果汇编、年鉴和编史修志提供权威的数据。

（3）有利于强化高校档案部门在学历认证方面权威性和话语权

教育部第 27 号令第 32 条明确规定，“高校档案机构是学校出具档案证明的唯一机构”。在学历鉴定服务中，招聘单位经常要求学校档案馆配合学历认证工作，对应聘人员的学位证、毕业证或其他学籍材料进行鉴定以确定其真伪。这就要求学籍档案必须完整。馆藏学籍档案如果收集不全，就无法为这项工作提供足够的材料支撑。如果馆藏记录丰富并能及时出具相关证明，校友会倍感亲切，从而潜移默化地扩大学校的影响。

学籍档案中，高考录取招生名册、毕业成绩、学位授予材料、毕业登记材料和学生派遣存根是现在学历认证、职称评定和职务晋升等的重要依据，是高校档案中利用率最高的部分。学历认证工作政策性强，责任重大，高校在参与打击学历造假行动中责无旁贷。另外，高校档案馆在保证数据安全的前提下可以考虑开发学历认证系统，为学历认证部门提供学历材料以减少利用者查询的盲目性并提高高校档案工作人员的工作效率。

3. 网络环境下基于教学档案提高高校档案信息服务水平的措施

（1）加快教学档案的数字化进程和特色数据库建设

高校档案的数字化加工和存储是网络环境下档案信息服务的基础。数字化工作要视馆藏现状、利用需求的迫切程度分批进行。教学档案的查询需求在高校档案信息服务中所占比重最大，网络环境下这一需求更被强化。教学档案的数字化建设是现阶段高校档案馆（室）基于互联网进行档案信息服务的主要切入点。数字馆藏建设要优先考虑教学档案。在教学档案的数字化加工过程中，要严格控制质量。

数据库建设和管理是一项长效机制。高校档案馆应根据学校定位、历史沿革、地域情况和技术实力，充分发挥教学档案的特点和其中蕴藏的珍贵信息，有计划、有步骤地进行本校的数据库建设。这有利于激活教学档案的潜在价值，充实馆藏数字信息资源，提高数字档案资源的查询成功率和利用率。有条件的院校还可以优先建立特色数据库，如著名校友数据库。一些百年名校的知名校友的档案，往往成为这些高校档案馆的“镇馆之宝”。

（2）充分利用网络特点开展个性化档案信息服务

个性化档案信息服务是指基于网络通信、人工智能等多种技术获取并分析档案用户的查询需求、习惯、倾向性以及个人背景等信息，为用户提供有针对性的、特定信息的综合性服务。教学档案内容复杂、来源丰富、形式多样，是高校档案机构开展个性化档案信息服务的基础。

①灵活运用多种服务形式，提高档案信息服务能力。高校档案馆要顺应时代需求，构建档案信息服务的新模式。Web 2.0 环境下的网络应用还没有被档案界充分利用的情况下，微博、微信等传播方式又为档案信息服务提供了新的发展空间。新型的互动方式尤其适合学籍档案查询服务，这不仅能实现一对一的实时服务，还有助于档案工作人员汇集有代表性的问题集中解答，进行参考咨询服务。另外，通过在网上和广大校友的长期交流获取的信息，档案馆可以在校庆和每年的校友返校活动中做足文章。例如，在校友返校时，将其入学时的原始凭证、学籍材料、毕业论文、学位授予材料和获奖情况的复印件装订成册或包装成纪念品的形式提供给校友，将带给校友难以名状的温馨感受。这凸显了学籍档案在高校档案中的地位和高校档案馆个性化服务的能力。条件允许时，这些材料的电子版将是这种服务能力的强化和提升。

②优先开展针对教学档案信息的智能检索和知识挖掘工作。在保证隐私权并符合法律规定的前提下，对海量的教学档案信息进行深层次的开发利用是提高高校档案信息服务水平的一项重要内容。探索对教学档案进行深加工以获取规律性数据，对校内可以更好地服务教学和学校的相关工作，对外可以更好地提升档案信息社会化服务的水平。“大数据”时代的到来为高校档案信息服务社会化提供了新的思维方式。高校数字档案馆的建设将面临社会众多类型的信息需求，服务的社会化意味着对个性化服务的强化。云计算技术和数据挖掘技术为这一服务提供了技术支撑。针对用户对教学档案的信息需求和查询习惯，高校档案馆可以推出各种有特点的网络信息个性化服务。例如，通过分析用户对学籍档案的查询历史和需求趋势，可以推出智能检索服务和推送服务。当然，这既要充分保证相关各方的利益，又要控制档案信息再次传递的范围，避免法律风险。

（七）教学评估作用

学校档案是学校直接记述和反映学校活动，保存备查的各种学校文件材料的总称。可以说，学校档案是学校树立自我形象和价值观，从而树立学校文化的载体。一方面，学校档案记述了学校树立自我形象和价值观建设的过程，可以为新时期学校建设提供借鉴和依据；另一方面，加强对学校的档案管理也是学校自我形象和价值观建设工作的重要组成部分。二者关系非常密切，并且相互促进。

学校档案是学校宝贵的财富，具有科学文化的属性，因此，学校档案建设就是一种学校自身形象和价值观的建设。学校对档案信息资源的依赖性日益增强，学校档案在改进管理方式和探索新的教育教学方法方面，发挥了积极的作用。学校档案中有很大一部分记录和保存的是学校教育教学的经验和成果，这些档案记载了无数教师多少年辛勤的汗水，反映了学校总体的教学水平，是学校教职员工的劳动结晶，即教学档案。学校档案也包含了学校组织管理的经验和教训，是学校教职员工在学校自身形象和价值观建设中不可多得的宝贵的精神财富。在“迎评”准备工作中，尤其体现了教学档案的宝贵价值。教学档案源于我们的教学实践，是在教学活动中形成的，它们是整个教育工作的记录，反映了教育工作的全过程。

高校档案作为教育评估的基础和依据，在高校评估中的作用也越来越大。可以这么说，没有高校档案，就无法进行高校的教育评估。然而，在教育工作评估中，有些人对高校档案与教育评估的相互依赖关系认识不够明确，他们认为档案在高校评估中无关紧要，因而忽视了档案在高校评估工作中的作用，使得学校整体评估工作受到影响。从参与高校评估的具体实践中，笔者认为在教育评估中轻视档案的思想和做法是十分错误的。

1. 丰富的档案资源是高校评估工作的基础和依据

档案是无价之宝。它作为人类社会活动的真实记录，是人类文明的阶梯，也是世界文化遗产的重要组成部分。在高校，它不仅是高校发展的历史凭证，而且详细真实地反映了一所高校的历史全貌。它随着学校的建立而产生，随着学校的发展而在逐步地积累。近几年来，随着高校档案工作的不断发展，社会对于档案工作的要求也越来越高。而档案的生命力也就在于它能不断地满足社会的需求。之所以如此，是因为它具有其他资料不可替代的功能和作用。

（1）查考凭证作用

档案的主要特点就在于它的原始性强，是历史的原始记录，是最可靠的第一手材料。从内容上看，在一所学校里，它是学校历史的真实记录，是学校师生员工劳动智慧和经验的结晶，是知识和信息储存的一种形式，同时也是学校自我认识、自我总结提高、自我发展的依据之一。从形式上看，档案是文件材料有条件的转化物，是“作为历史记录保存起来以备查考的”文件，是令人信服的历史证据。恩格斯说过对于事态的真相，现在不可能提出文件来做证据。只有在事件本身成为历史陈迹的时候这些证据才会出现。因为从档案的本身来看，它原样地保留着形成者当时的亲笔手稿、亲笔签署，这些历史标记可以作为历史真迹的证明，作为查考、争辩和处理问题的依据。在熟悉情况、总结经验、制订计划、进行决策、研究问题、开拓创新等项工作中往往需要查考这些真实的历史记载。只有这些历史记载才能使我们了解过去、预测未来，并做出切实可行的科学决策，如果没有完整、准确的档案作为依据，我们就难以科学地总结历史发展规律，评估工作也就难以进行。

（2）参考依据作用

档案不仅记录了历史活动的事实经过，而且记录了人们在各项活动中的思想发展、经验教训，以及创造性成果。档案的参考依据作用就在于它的可靠性。对许多工作来说它是一种宝贵的资料；对某些活动来讲，它又是不可缺少的参考依据，有些历史学家称誉它为“没有掺过水的史料”。在一所高校要培养有文化、有理想、有道德、有纪律的人才，就需要按照新的教育观、人才观和质量观的要求，全方位地深化改革，制订改革方案，进行科学研究。只有掌握档案这一可靠的资料，才能综合地去分析、去研究，才能作出科学的决策。如果离开这些，教学、科研、管理等项工作就无法进行。任何一所高校所进行的各种形式的评估，最有说服力的依据便是档案材料，只有这些材料，才能对一个评估单位进行客观、公正、全面的估价。这就明确地肯定了丰富的档案资源在评估工作中的凭证和依据作用是不可替代的，它直接影响着学校评估工作的结果。所以，人们常常比喻说，档案是进行科学研究不可缺少的“粮食”或“能源”，是带给未来收获的科学的种子。

2. 评估工作离不开档案的支持

评估是国家对高校进行宏观管理的一种手段，是对高校实行监督和考核的主要形式，是国家判定一所高校是否合格以及选定重点高校、重点学科，增设研究生、硕士生、博士生的重要依据。评估的结果是直接影响一所高校的声誉和地位，关系到学校命运和前途的大事。由于档案在评估中所占的比重和作用越来越大，档案和档案工作也就越来越引起校领导和师生员工的重视，真正强化了档案在人们心目中的地位。档案工作人员也从思想上认识到自己所从事的工作的意义和所肩负的历史责任，认识到档案工作是高校的一项重要的基础工作，是衡量学校教育质量和管理水平的重要尺度，认识到评估和档案是密不可分的，离开档案谈评估，可以说是无源之水，无本之木。根据《中华人民共和国档案法》《普通高等学校档案管理办法》和《高等学校档案工作规范》的要求，在短短几个月里，学校从整理教学档案试点到推广、从检查验收到评比通报，共整理教学档案 2000 余卷，这不仅极大地丰富了档案资源，而且对原来不规范的案卷又进行了加工整理，使各系教学档案初具规模，纳入了规范的管理。

实践证明，档案不仅把学校过去所做的各项工作系统而准确地再现在评估汇报材料中，为评估赢得了时间，有效地解决了实际问题，而且把学校昨天工作的一个个闪光点展现在专家组眼前，有力地证明了学校各项工作汇报的真实性、客观性。所以，档案既是学校评估、改革和发展不可缺少的基础和前提条件，也是学校积累的宝贵财富，评估工作将有力地推动高校档案事业的发展。

二、如何提高高校档案的作用

（一）重视高校档案的重大价值

通过以上分析可以发现，高校档案具有十分重要的价值，因而各级各类高校必须高度重视高校档案的重大价值，切实加大对高校档案“价值管理”方面人力、物力、财力的投入力度，为高校档案“价值管理”创造有利条件。各级各类高校教师也要高度重视教学档案的重大价值，既要充分利用教学档案开展教学改革和创新活动，同时也要将自身的教学方案、教学方法、教学内容、教学模式及时地纳入教学档案管理当中，不断充实高校档案内容，只有这样才能更好地发挥高校档案的重大价值。

（二）完善高校档案的运行制度

制度具有根本性、长期性、稳定性的重要作用，要想使高校档案的价值得到更有效的发挥，就必须进一步健全和完善高校档案运行机制。要进一步明确高校档案的管理、利用和开发原则，按照“集中管理、同步管理、专人管理”的方式，健全和完善高校档案管理制度；进一步健全和完善高校档案规范化、科学化、制度化体系建设，特别是要充分调动管理人员和广大教师的积极性、主动性和创造性，形成良好的合作机制，着力提升教育档案的规范性、全面性和有效性；进一步健全和完善奖惩制度，激励管理人员和广大教师共同开展教学档案管理、开发和利用工作。

（三）提高高校档案的科技水平

随着全球科技信息化的快速发展，特别是在我国工业化与信息化融合度不断加深的历史条件下，高校档案的管理、开发和利用必须朝着科技化、信息化、智能化的方向发展。各级各类高校要大力加强教学档案数字化建设，将各类纸质档案尽快转化为数字档案，使其能够更好地发挥作用；要充分利用高校科研资源雄厚的优势，积极引导相关科研人员开发高校档案管理、开发、利用的信息化服务平台，特别是要利用大数据、云技术来提升高校档案的储存、汇总、分析等功能，使高校档案的价值得到更好的发挥。各级各类高校还要大力引进和培养具有较强思想素质、政治素质、科技素质、职业素质的教学档案管理人才，着力提升高校档案管理人员的综合素质，使他们能够在高校档案的管理、开发、利用方面不断地进行改革和创新。

综上所述，高校档案不仅是我国高校的宝贵精神财富，而且也是我国高档教学管理工作推动教育体制改革的重要组成部分，更是我国高校未来发展的重要基础，具有重要的参考价值、文化价值、证明价值、动力价值，但目前我国一些高校还没有深刻认识到高校档案的这些价值，因而高校档案的管理、开发和利用还十分有限。在我国继续推动高校档案价值得到更全面的挖掘，使档案优势转化为应用优势的历史条件下，必须高度重视教学档案的价值作用，以改革创新精神积极推动高校档案价值的管理、开发与利用，推动高校档案发挥更大的价值作用。

第四节　高校档案的管理制度

一、我国档案的起源

档案究竟是怎样产生的呢？在原始社会，当人们进行社会实践，需要表达和交流思想感情时，只能依靠语言。但语言既不能持久，也难以远传，这样，只能通过记忆来相互转告。这种“口耳相传”的传递方式为我们留下了各种远古时代的“传说”。然而，人们的记忆能力毕竟有限，为了适应日益复杂的社会生活和生产上的需要，人们开始借助于某些实物来帮助记忆。最初古人创造了“结绳”和“契刻”的方法记事，辅助记忆。“结绳”就是在绳子上打结，用绳结的大小、多少等表示不同的含义。“古者无文字，结绳为约，事大，大结其绳，事小，小结其绳。”“契刻”就是在木头上刻出各种符号、标记以表示不同的含义。这些“结绳”和“契刻”的符号虽然也能起到一定的备忘、信守和凭证的作用，但它们毕竟只能帮助人们回忆起某些被忘却的记忆，而不能表达确切的、完整的、抽象的概念。因此，“结绳”和“契刻”还不能称之为档案。

随着社会的发展，产生了文字，出现了私有制和国家。为了适应公务管理、交往联系的扩大和记载事物等各种需要，产生了比较有条理的公务文书。我国古代的典籍中就曾有类似的记录。唐朝张怀瓘在《书断》中写道：“大道衰而有书，利害萌而有契，契为信不足，书立言为征。”随着文书的产生和使用，早期的档案和档案工作也就出现了。

我国的档案有着悠久的历史，但“档案”一词的称谓，则是较晚才出现的。在商代，档案叫“册”，甲骨文中就有“册”字，“册”字是连接简牍之象形字。周代叫“中”，“中”即官署之薄书。秦汉时则称为“典籍”，汉魏以后叫“文书”“文案”——各种公文统称为“文书”，公文案卷称为“文案”。唐宋以后叫“文卷”“案卷”“案牍”。文，是指法令条文；卷，是指书卷。唐代书为“轴”，一轴为一卷，法令文书称为“文卷”“案卷”，官府的文书统称为“案牍”。“档案”这个名词一直到明末清初才出现。清代的杨宾在《柳边纪略》中对档案一词做了如下解释：“边外文字多于书本，往来传递者曰牌子，以削木片若牌故也；存贮年久者曰档案，曰档子，以积累多，贯皮条挂壁若档故也，然今文字之书于纸者。亦呼为牌子、档子矣。”意思是说，满族入关以前，用木片作为文字书写材料，传递完毕后，横竖成行挂在墙壁上，当时叫“牌子”“档子”，档，即木架框格之意，一档为一架。满人入主中原，建立大清国后，改木片为纸质文件，但仍沿用过去习惯的称谓，也叫“档子”。而原来纸质文件的名称叫“案”，所以，就把办理完毕后保存起来的纸质文件称为“档案”。“档案”一词源于此，并沿用至今。

二、高校档案管理的起源

在 20 世纪 90 年代中后期开始实施的面向广大高校的“211 工程”，标志着中国高等教育改革和发展正式起步。经过 20 多年的发展，我国高等院校的教学模式的转变已经显而易见，而教学模式也从开始“万人齐走独木桥”的精英教育逐渐向大众化教育转变。连年的高校扩招，使大多数人的“大学梦”变成现实。高校的不断扩招不仅使得教学规模和范围不断壮大，同时也使得很多新的教育理念、管理理念脱颖而出。但在发展的同时问题也随之而来，教学交流活动越来越频繁，教学涉及范围越来越广，师生数量越来越多，可相应的教学档案管理还停留在20世纪水平，还在使用传统的人工操作模式，其缺点显而易见，严重时甚至还影响到高校声誉。因此，建立现代化、规模化的高校档案管理模式势在必行。

三、高校档案管理的相关法律法规

新中国成立以来，我国高等教育事业的发展虽然经历过一些波折，但总体上实现了由小变大、由弱到强的转变。据教育部高教司2016年发布的《中国高等教育质量报告》显示：从中华人民共和国成立的1949年到改革开放的1978年，我国高等学校在校学生人数从117万人增加到867万人，高等教育毛入学率从0.26%增长到1.55%；而在2015年，高校在校学生人数有3700万之多，毛入学率达到了40%。与20世纪50年代相比，高等教育的规模增长超过310倍，高等教育毛入学率增长超过150倍。在高等教育事业快速发展过程中，教学档案的产生和积累也呈高速增长态势。但与高等教育事业快速发展不相适应的是，高等学校档案管理事业的相关法律法规的制定却明显滞后于教育事业本身的发展，我国高校档案管理工作还有亟待完善和规范的地方。

（一）高校档案管理法律法规的现状分析

档案是历史的记录，是以知识形态体现社会生产力的宝贵信息资源。高校档案主要包括反映教学管理、教学实践和教学研究等活动的文件材料。其中既有人才培养方案、教学管理制度、教学改革项目、教学研究成果等体现综合教学管理的材料，也有记录教学和实验室基础建设与管理的实践类材料类，同时还有记载学生奖惩和学籍异动等情况的学生管理材料以及教材使用、毕业审核与学位授予等十几个二级类目。与高校档案管理相关的法律法规也包括了三个层面，一是由全国人民代表大会审议通过的法律，二是由国务院审核通过后发行的行政法规，三是由教育部、国家档案局颁布执行的部门规章。

1. 高等学校档案管理的法律依据

国家层面出台的第一个与教学档案管理相关的法律是1987年9月5日第六届全国人民代表大会常务委员会第二十二次会议通过的《中华人民共和国档案法》（以下简称《档案法》）。它是我国有史以来最高权力机关制定的关于档案事业的第一部法律，随着档案管理事业的发展，全国人民代表大会常务委员会于1996年7月对《档案法》进行了修订。修订后重新发布的《档案法》对档案机构及其工作人员在档案事务中的权利、义务和责任以及对各类违法行为做了更加明确的规定，加大了档案行政管理部门的执法力度，赋予并明确了档案行政管理部门行政处罚的职能。

我国第二部与教学档案管理相关的法律当属 2015 年 8 月 29 日第十二届全国人民代表大会常务委员会第十六次会议通过的《中华人民共和国刑法（修正案九）》。在该法第二百八十四条中明确规定："在法律规定的国家考试中，组织作弊的，处三年以下有期徒刑或者拘役，并处或者单处罚金；情节严重的，处三年以上七年以下有期徒刑，并处罚金。""为他人实施前款犯罪提供作弊器材或者其他帮助的，依照前款的规定处罚。""为实施考试作弊行为，向他人非法出售或者提供第一款规定的考试的试题、答案的，依照第一款的规定处罚。""代替他人或者让他人代替自己参加第一款规定的考试的，处拘役或者管制，并处或者单处罚金。"《中华人民共和国刑法（修正案九）》将考试作弊纳入刑法，为高等学校教学档案，尤其是各类考试档案和学生奖惩材料的管理提出了新的要求。

2. 高等学校档案管理的相关法规

与高校档案管理有关的行政法规有据可查的包括《档案专业人员职务试行条例》《关于〈档案专业人员职务试行条例〉实施意见》《机关档案工作业务建设规范》《中华人民共和国档案法实施办法》《机关文件材料归档范围和文书档案保管期限规定》等。

指导我国高等学校档案管理的最早的行政法规是中共中央办公厅和国务院办公厅于 1983 年 4 月 28 日印发的《机关档案工作条例》，该条例对档案部门的基本任务、工作体制、常设机构、人员配置和档案的接收、管理、提供利用、移交等做出了明确的规定。同时在第二十九条明确指出：企业、事业单位的档案工作应参照该条例执行。继《机关档案工作条例》之后，中央职称改革工作领导小组 1986 年 3 月 28 日转发了国家档案局关于《档案专业人员职务试行条例》和《关于〈档案专业人员职务试行条例〉实施意见》两个文件，对档案工作人员的任职资格、岗位职责、职称评审与聘任等条件进行了说明。

随着档案管理工作的发展变化以及一系列新情况、新要求的出现，国家档案局又于 1987 年 12 月 4 日发布了《机关档案工作业务建设规范》。该规范对机关档案工作的基本任务和档案的接收、整理、保管、利用、统计、鉴定、移交等问题做了具体要求。

在《档案法》颁布执行后，国务院于 1990 年 11 月 19 日又发布了《中华人民共和国档案法实施办法》，该办法对档案机构的设置及其职责、档案管理要求、档案的公布及利用、档案管理的相应奖惩机制做了规范。由于档案管理工作的自身发展需要，全国人民代表大会常务委员会于 1996 年 7 月对修订版的《档案法》进行了审议并发布执行；与此同时，国务院于 1999 年 5 月 5 日批准修订了《中华人民共和国档案法实施办法》，并于 1999 年 6 月 7 日以国家档案局第 5 号令重新发布；为正确界定文件材料归档范围准确划分档案保管期限，国家档案局于 2006 年 9 月 19 日发布了《机关文件材料归档范围和文书档案保管期限规定》，将档案的保管期限进行了明确界定。

3. 高等学校教学档案的其他规章制度

与高等院校教学档案管理直接相关的规章制度当属国家教委（现为教育部）和国家档案局于 1987 年制定的《高等学校教学文件材料归档范围》，该文件不仅对教学档案的类别做了规范，而且明确了教学档案的类型，为规范档案的收集与整理提供了具体的指导建议。随着高校档案管理中各类问题的不断显现，为了加强高等学校的档案工作、提高档案管理水平、充分发挥档案的作用，1989 年 5 月，国家教委进一步制定颁布了《普通高等学校档案管理办法》，进一步明确了高等院校档案场馆的建设标准、人员职数、教学档案的类型和归档范围、档案的日常管理以及开放应用、表彰奖励等若干事宜。1993 年，国家教委进一步制定并发布了《高等学校档案实体分类法》和《高等学校档案工作规范》两个文件，为高等学校档案分类及管理提供了具体的标准和规范。

（二）高校档案管理的制度缺失问题

1. 档案管理的时效问题

在《机关文件材料归档范围和文书档案保管期限规定》中，档案的保管期限只有永久、30 年和 10 年三个时限，并且明文规定：“对保管期限已满、已失去保存价值的档案，经有关部门鉴定并登记造册报校长批准后，予以销毁。未经鉴定和批准，不得销毁任何档案”。最高人民法院、国家档案局 1984 年颁发的《关于人民法院诉讼档案保管期限的规定》将诉讼档案的保管期限分为永久、长期、短期三种。长期保管时间为 60 年，短期保管时间为 30 年。但档案管理有时会涉及民事诉讼，为此对于一些不太重要的档案至少要保存两年以上。因为在法律规定的诉讼时效期间内，权利人提出请求的，人民法院就会强制义务人履行所承担的义务。而在法定的诉讼时效期间届满之后，权利人行使请求权的，人民法院就不再予以保护。由于档案的用途和性质不同，档案保管的时效也应该有所区别，但目前的管理制度之间的不统一会导致高校档案管理人员对部分特殊教学档案的管理时效产生困惑。

2. 电子档案的归档问题

学分制与选课制在高校的推广和高校教务管理系统的应用使得传统以纸质媒体为主的教学档案逐步趋于电子化，随着翻转课堂、慕课、在线课程、在线考试等新的教学和考核形式的出现，很多教学档案在数字设备及环境中生成。这类电子教学档案的归档方式和储存问题已然成为高等院校必须面对的问题之一。

3. 证据档案的管理问题

《中华人民共和国刑法（修正案九）》的出台让考生作弊材料从普通的教学档案向法律证据转变成为可能，如何妥善保管考生作弊材料已经不再是单纯的档案管理问题，而是成为法律证据的收集和保管问题，但目前执行的高校档案管理文件对这类型特殊档案的管理问题尚未形成明确的意见。

4. 成绩档案的更新问题

教学档案不仅是学校教学过程的简单记录，教学档案中的学籍登记表、成绩表、实习鉴定表等内容是伴随学生一生的重要材料。对于学生来讲，他的就业、入职、职称晋升等事情都与其档案有着千丝万缕的联系。根据教育部相关法规，大学生学籍最多可以保留 8 年。随着高校的不断扩张，弹性学制、大学生休学参军入伍、休学创业等现象日益频繁。部分大学生并不能在 4 年内完成学业，而高校教学档案的归档时间一般在大学生毕业次年的 6 月。这就会导致部分学生的成绩档案在归档时仍有因课程不及格而未修得学分的情况出现。教学管理制度与档案管理制度的不相符会为非正常毕业生们的档案带来非常多的问题。

5. 教学档案数字化问题

由于部分工作人员在档案流转和保管过程的不作为，学生档案遗失事件时有发生，再加上档案造假现象屡有发生，接受学生和用人单位对于教学档案的查询、验证，并对遗失的教学档案进行重建是档案管理员经常面临的工作之一。而高校生源地和就业地跨度大，纸质档案的查询、验证和重建工作的时间和经济成本较高。在互联网和多媒体技术已非常成熟的今天，教学档案的数字化管理和查询却相对落后，这为学生重建教学档案、用人单位进行档案的查询验证增加了工作的难度，降低了时效性。

四、高校档案管理的制度改进

在大多数学校，教学秘书充当了院系（部）的档案管理第一执行人。教学科是部门与教务处之间的纽带，通过教学科链接上下级的沟通，这对教学档案的归档起了保障作用。建立三级管理体制，根据各个高校的实际情况落实教学档案管理责任制，按照高校教务处和各部门的三级管理机制对各自的档案管理工作进行划分。高校的档案室主要负责宏观教学档案，包括规章制度、各课程的建设、不同专业的设置、历年招生和学籍情况、毕业生登记表、各专业教材、教育教学等相关的上级文件和汇总性的资料等。各院系（部）负责保存和归档与本部门相关的教学档案，如本部门的教学计划、课程安排、学生考试试卷、教师教案、毕业设计、学籍等数量大的材料。这样做既便于各部门随时查询，又减轻了教学档案室的负担。教务处对教学档案的保存范围较笼统，对宏观和微观的材料都要做到查有证，如教师教学日常情况由院系（部）记录，但教务处会起到监督和管理的作用，对异常的教学情况进行记录；对学籍发生异动的学生档案进行保存。高校各部门根据自己的教学管理范围和工作内容制定相应的教学档案工作责任制度。按照教务处的要求，让相关教学管理人员明确自己的工作职责，在规定时间内把相关的教学档案归类，集中编目，及时送到档案室进行汇总和保存。管理工作责任制有利于将教学档案管理工作的责任落实到个人，为教学档案归类工作提供了更好的制度保障。

第四章　高校档案的管理

高校档案是高校在教学、科研、党政管理和其他活动中直接形成的，具有保存价值的文字、图表、声像等不同载体的文件材料。其作为高校档案的主体和核心，是维护学校历史真实面貌的重要凭证，是衡量高校教育教学质量和管理水平的重要标志。近年来，随着高校规模的不断扩大、学科专业建设的日趋完善和细化、教学管理的逐步规范，高校档案的数量和种类急剧增加，但学校教学档案管理滞后于学校整体发展要求。鉴于此，本书基于全面质量管理视角探索科学高效的教学档案管理体制和运行机制，以期提高教学档案管理的现代化水平，充分发挥其在“人才培养、科学研究、服务社会和文化传承与创新”中的功能，构建分类、分层、权责匹配的网络化教学档案管理体制。

第一节　高校档案管理体制

一、建立分层领导的管理体制

按照《高等学校档案管理办法》要求，实行校长负责制，设立以学校校长为主任，学校分管档案工作、教学工作的副校长为副主任，各二级学院负责人和相关职能部门负责人为委员，档案馆负责人为办公室主任的“档案管理委员会”，明确各方职责，强化组织领导。在“统一领导，分级管理”的原则下，确立教学档案校、院两级管理体制，即根据学校行政管理层次的划分对教学档案进行分级管理。档案馆负责全校档案工作的整体规划和统一管理，并承担涉及学校宏观层面的重要档案的集中保管和利用；各二级学院建立文档室，确定档案工作分管领导，配备档案工作人员，具体负责教学档案的收集、整理和保管工作。在各部门共同参与的档案工作体制下，确保分工明确、各司其职、齐抓共管、形成合力，推动教学档案和谐发展。

二、构建分层管理的网络体系

构建立体式、全景化的档案工作网络体系是实施教学档案分层管理的重要环节，也是提高教学档案管理效率的关键。根据教学档案形成规律，构建以“档案馆—二级学院办公室—教学科研科—各教研室”为主线的教学档案管理网络体系。其中各二级学院教研室是教学档案管理网络体系的源点，负责收集学院各专业教学管理工作档案资料；教学科研科负责汇总整理各教研室档案资料，并移交至办公室；办公室负责定期将重要档案移交至档案馆，并负责对归档遗留下来需要续存的档案资料（主要是过程依据性资料）的整理、保管和利用工作。在各部门共同参与的档案工作体制下，确保教学档案建设工作深入教学管理活动的各个微观领域，实现由粗放式管理向集约式管理的转变。

三、全面厘清分层管理职责

为落实教学档案分层负责的管理制度，应明确档案馆和文档室的管理职责。其中档案馆主要承担档案业务管理职能，具体包括：贯彻执行档案工作法律法规和方针政策，拟定全校档案管理工作规划、年度计划，制定学校档案工作规章制度；监督、指导、检查各二级学院教学档案的管理情况；负责征集、接收、整理、鉴定、保管、统计学校宏观层面的各类重要档案；开展档案的开放和利用工作，组织档案编研工作和信息开发交流工作，发挥档案的信息源作用；培训全校专（兼）职档案工作人员等。各二级学院文档室主要履行教学资料的收集整理职责，具体包括：按照学校有关规定，做好本学院文件资料的收集、整理、鉴定、保管和统计工作，保证移交档案的齐全、完整、准确、规范；负责室藏档案资料的分类、组卷、编目登记、保管和利用等业务工作；负责对室藏期满档案资料进行鉴定、销毁；接受学校档案馆的业务指导、监督与检查等。

第二节　高校档案运行机制

高校档案的运行机制应是系统、科学、规范的，因此，需要做到以下几点。

一、完善制度机制，确保教学档案工作有据可依

以制度建设为抓手，确保教学档案工作有据可依、有章可循。在教学档案管理过程中，以《高等学校档案工作规范》《高等学校档案实体分类法》《高

等学校档案管理办法》等为依据，制定相应管理实施细则，对教学档案的归档范围、归档立卷原则、归档立卷程序、保管期限等做出详细、明确的规定。其中归档范围的确定，应符合学校教学管理工作特点，突出学校教学特色，具有可操作性、实用性，并能消除现有的归档盲区；保管期限的制定，应注意期限、条款的明确和细化，探索划限与标时（年）结合之路。同时还应制定和完善档案分管领导和专兼职档案人员的职责、档案管理工作考核办法等配套的档案工作规章和考核制度，把工作分解到个人，保障教学档案工作的贯彻落实。

二、构建收集机制，保障教学档案齐全完整

以全员参与为基础，确保教学档案工作质量责任纳入相应的部门和岗位中。教学档案来源分散，除上级业务部门和本校下发的各种文件、二级学院的内部文件外，还有大量文件材料散存于一线教师手中。实现档案的全员化管理，明确办公室、教学科研科、教研室和所有教师所承担的角色，有利于提高档案资料的归档率、完整率和齐全率。其中二级学院领导是“档案工作的总指挥”，各教研室主任是“联系学院教师的纽带”，办公室主任是“领导的助手和联系各学科主任与教师的桥梁”。在具体的管理实施过程中，各教研室在每学期初备好档案盒，根据本学院归档范围要求，结合每位教师本学期教学内容，确定各教师上交的教学文件材料；审核文件材料并于期末移交至学院办公室。各教师按照打印的归档材料目录，于本学期期中、期末分批将需上交的教学文件材料放入档案盒，并对所交材料签字确认。办公室负责统一整理归档，定期将涉及学校宏观层面的重要档案移交至档案馆统一保管，并将归档遗留下来需要续存的档案资料（主要是过程依据性资料）进行保存和利用。主管领导负责协调解决工作中的问题，监督检查工作执行情况。

三、强化规范机制，促使教学档案工作规范标准

以过程管理为根本，确保教学档案工作规范化、流程化。教学档案是在教学过程中形成的文件材料，因此各二级学院应按照“四同步”原则，实现安排教学计划任务与提出教学文件材料归档要求同步，检查教学计划执行情况与检查教学文件材料积累情况同步，鉴定教学质量、评审教学成果与审核教学档案文件材料同步，教师考核、晋升、评优等与档案部门出具个人相关文件资料归档情况证明同步。学院依据归档范围和工作规范要求，对收集的文件资料科学分类、组卷、微机录入，实行统一编制档号、目录和检索工具，并按档号排架、入库保管、及时反馈档案工作信息。档案馆则需将主要精力投入对二级学院档

案工作的指导、监督、检查和协助中去。在对教学档案从形成到永久保存或销毁的整个生命周期的全程监控中，要突出重点，严把关键环节，并设计补偿性控制，即对关键环节预设数目不等的补偿性控制点，以保障档案工作流程质量，实现全方位、全范围和全阶段的管理。这有助于将档案管理工作的重点由传统的“事后把关”转移到“事前预防”，从管理“结果”转变为管理“因素”，使不符合规范要求的档案消失在其形成过程中，做到“防患于未然”。

四、深化考核机制，落实教学档案工作职责

以绩效考核为手段，确保教学档案工作质量的可持续改进。学校根据制定的教学档案质量评估方案、实施细则以及配套奖惩措施进行评估考核。考核采用过程考核与年终目标考核相结合的方式，其中过程考核的实施有利于激励和约束各二级学院将档案管理和建设的质量落实在平时的积累中，当为考核的主要方式。通过考核评估，对在教学档案管理和服务工作中成绩显著者给予表彰、奖励；凡年度考核不合格的学院，取消其所在学院整体评优和相关责任人的评优资格，取消相关教师职称评定和各项奖项的评定资格，让教师切实从思想上重视自己在教学和管理过程中形成的档案文件材料。同时，为确保教学档案管理的客观性和现实性，教学档案管理应遵循教学的基本规律，将教学档案工作纳入学校教学质量保证体系考核之中，确定其考核分值占比，以确保教学档案建设的基础工作落到实处。

五、建设服务机制，实现教学档案价值

以利用需求为主导，确保教学档案工作有的放矢。教学档案的管理应打破传统的内向封闭系统状态，实现由单纯的保管向开放服务转变，以服务促管理，以管理完善服务。编研是开发利用教学档案的重要手段，对教学档案编研内容、编研方式和编研途径的选择，是提高教学档案服务水平的切入点。教学档案编研应根据学校和学院工作重点、难点以及热点问题，结合教师的档案利用需求，将那些重要的、利用频率高的教学档案，整理汇编成册，实现由一次文献、二次文献向三次文献加工发展，形成系统、权威、深层次的档案信息产品。在教学档案的编研过程中，通过对原始材料的提炼，可形成以“综合管理”“教学与实践”“学科专业”“教材”“学籍管理”和“毕业生工作”等为主题的系列汇编，也可形成“试卷管理”“教案讲稿管理”“精品课程”“重点课程”“教研活动”“学生成绩”等专题汇编。这种全方位和整体性的编研工作，能有效拓展档案信息内涵，实现教学档案利用率根本性的突破。同时档案馆和档案资

料室要做好教学档案资料的开放利用工作，通过丰富查阅方式、简化利用手续、建立信息联系网络、举办专题档案展览等形式，促进档案价值的实现。

六、建立保障机制，提高教学档案工作积极性

以全员素质的提升为前提，确保教学档案工作质量的贯彻落实。档案产品和服务的质量取决于人的档案工作质量，而人的档案工作质量又取决于人的素质，因此，提高全员整体素质成为做好教学档案管理工作的出发点和落脚点。首先要建立完善的档案专兼职人员培训、考核机制，定期开展档案管理业务培训，通过以校内培训为主、校外培训为辅，集中培训与重点培训相结合的方式，提高各二级学院档案管理人员的专业技能。其次，加强档案宣传力度，变被动为主动，化消极为积极，争取学校各部门和各组织管理层面的了解、认同和支持，争取广大教师成为档案工作的利益相关者和支持者，变档案管理员的“独奏”为全员的“合奏”，最大限度化解来自各方的阻力和疑虑。

高校档案是高校档案工作的主体和重点，是衡量学校教育教学质量和管理水平的重要标志，也是学校开展教育教学改革和各项评估工作的重要依据。高校档案管理部门应在把握教学档案运行规律的基础上，结合学校实际和利用需求，借鉴先进的管理理念和方法，转变传统封闭的经验式管理，提高档案管理的现代化水平和服务能力，以寻得更大的生存和发展空间。

七、建立协调机制，提高教学档案管理水平

高校档案管理水平是高等学校办学规范化、法制化和科学化的重要体现，在一定程度上反映了高校人才培养的渠道和水平。目前，高校档案管理主要涉及教务部门、二级系院和教研室三级管理。随着高校两级管理机制的逐步实施和推广，教学档案管理的重心也不断转移至二级系院。因此，教学档案三级管理机构之间的矛盾和机构内部的矛盾就显得尤为突出。高校三级教学档案管理是否协调有序，教学档案管理的系统性、整体性是否体现，势必影响着高校办学情况和人才培养过程是否规范和科学。

（一）高校档案三级管理的现状

1. 高校二级管理对高校档案管理的影响

经过多年的探索和实践，高校内部管理体制改革正在深入开展，各高校也在积极实施和推广二级管理。在这种模式下，二级系院是教学档案管理工作的支柱和主要部门，教学档案管理的规范化、科学化程度在一定程度上也反映了

二级系院整体管理水平。因此，在此背景下二级系院的教学档案管理不但要接受教务部门的指导和检查，还要进行具体的决策和落实。同时也要为系院整体工作服务，系院的教学档案管理工作也面临着创新和提升的压力，要根据学校的实际情况和系院需要创造性地开展工作。

2. 高校档案管理的三级模式

随着系院逐渐成为高校教学管理的中心，二级系院在教育教学管理的主体地位日益凸显。高校档案以学校教务部门的宏观指导、二级系院的分层管理和教研室的直接建设为基本模式的三级管理模式基本形成。在这种模式下，学校教务部门的工作重点在于整体协调和宏观指导，更加注重教学档案管理的督查和教学工作的考核评估；二级系院的工作重点在于教学档案的过程化、系统化管理，更加注重教学档案的规范化和应用；教研室的工作重点在于教学档案的直接收集和分层分类分期管理，更加注重教学档案的精细化和层次化。

3. 高校档案管理队伍分析

目前高校档案三级管理的机构和队伍建设已经基本完成。教务部门大都分科室分类管理教学工作和管理教学档案；二级系院大都建立了教学办公室或配备了教学秘书和教务员等教学档案管理机构和人员；二级系院大都按专业或按学科分别建立了教研室，由教研室主任负责专业或学科的各项工作。高校也都基本明确了三级教学档案管理的职责和内容，教学档案建设与管理稳步推进，在高校教学评估与质量提升方面起到了积极的作用。

（二）高校档案管理的矛盾与问题

随着高等教育的改革发展和教育部教学评估工作的持续开展，高校档案管理工作取得了长足的进步。但就目前来讲，高校档案管理还存在着一定的矛盾与问题。

1. 高校档案管理的协调性不强

高校档案管理涉及教学管理的各个环节、机构和广大师生员工，需要大量的协调和沟通。就目前的三级管理来说，虽然管理的层次和职责有了基本的规范，但也存在着纵向机构、横向机构、各机构内部和师生员工之间的沟通协调不畅等问题。比如，教务部门和系院之间大多是布置任务与完成任务的关系，存在一定程度上系院对教务部门繁杂的要求不理解，教务部门对系院工作的效率和质量不太认可等现象；教务部门与学生部门等其他职能部门也存在相对孤立的现象，协调性不强；二级系院之间又存在盲目攀比、协同意识缺乏、教学计划冲突等现象，无法形成协调、高效的整体。

2. 高校档案管理的系统性不强

高校人才培养是一个系统工程，教学档案管理作为人才培养的显性出现，具有数量大、形式杂等特点，同样也是一项纷繁复杂、涉及众多要素的系统工程。但在实际的运行过程中，档案管理大都侧重于教学档案的个体收集整理，其过程性、整体性、系统性往往被忽视。比如，我们往往重视科研档案成果的收集管理，而忽视科研的申报、检查、研究过程。

3. 高校档案管理的层次性不强

高校档案涉及学校、系院、教研室和一线师生员工各个层面，也涉及教务、学务、考务、政务等多个方面。虽然在理论上教学档案存在多个层次和类别，但在实际的管理上，大多以横向分类为主，教学档案建设的目录十分复杂，项目也非常多，往往是教学档案管理人员无从下手，厘不清思路。同时，虽然教学档案管理的级别和机构层次分明，但实际上教学档案本身的纵向分层却比较困难，不同教学档案之间有联系但更有相对独立性，因此显得层次性不强，也影响了教学档案体系的逻辑清晰度。

4. 高校档案管理队伍不专业

目前，学校教务部门大都建立了教务、学务、督导、评估等相应科室和人员，系院也有一支教学秘书、教务员的专兼职队伍，教研室档案建设也初见成效。但是高校档案管理队伍还普遍存在档案意识不足、专业素质不强、时间不充裕、心理准备欠缺等问题。一方面，大多教学档案管理人员都是一线教师或行政人员出身，缺少教学管理和档案管理的专业背景，对档案地位的认识不足，在管理和处置上比较随意。另一方面，相当一部分教学档案管理人员都是兼职人员，不能保证教学档案管理的充足时间。另外，教学档案管理人员大都缺乏心理专业知识和协调沟通技巧，面对复杂繁重的教学档案收集整理任务和处理各种矛盾问题显得不够成熟，容易导致心理受挫，影响教学档案管理的效果和管理队伍的稳定。

（三）构建高校档案三级管理的协调机制

1. 巩固教学档案的宏观管理，强化其整体性

教学档案管理的主导作用在于学校的教务部门，他们不但承担着一定的教

学档案的直接收集整理工作，也承担着全校教学档案的设置、规划、指导、管理工作。但教务部门应该将教学档案建设和管理的重心下移，构建教学档案三级管理的基本机制，自身更加突出全校教学档案管理的整体协调和宏观指导，把工作重点放在教学档案的宏观规范制定、业务技能指导、常规档案督查和教学工作考核等方面，更加强调和二级系院之间的纵向协调和学校各部门之间、各系院之间的横向协调。教务部门要做好教学档案管理各要素、各机构和管理人员之间的沟通和协调，发挥好教学档案管理的主导作用，做好教学档案管理召集人、协调者、裁判员的角色，形成以教务部门为核心的教学档案管理协调统一体系，展现其整体性。

2. 突出教学档案的二级系院管理，强化其系统性

在高校管理二级模式下，高校二级系院应该成为教学档案管理的主体，同时也是教学档案建设工作承上启下的重要枢纽。系院在教学档案管理中要充分发挥中坚力量和沟通枢纽的作用，认真贯彻落实学校相关部门的要求，合理制定档案管理的二级规范，做好教学档案意识的宣传和教育工作，加大对教研室的支持力度，规划教学档案的建设方案，形成教学档案的完整体系和教学档案建设的保障机制。同时，二级系院应该把高校档案整个过程进行科学梳理，使之系统化和科学化，重点突出教学档案在收集与积累、归档与整合、编研与开发、服务与利用等环节的过程化、系统化管理，更加注重教学档案的规范化和应用效果，以提高教学档案的利用率和实际价值，为高校的人才培养奠定基础，为高校的教学科研提供资源和服务平台，突出教学档案从收集到利用的完整体系。

3. 规范教学档案的微观管理，强化其层次性

教研室在教学档案建设与管理中应该起到基础性的作用。教研室是教师参与院系和学校活动的基本载体，也是教学档案收集与管理的第一环节，因此要充分利用教研室展开教学档案的收集利用工作，更加注重教学档案的精细化和标准化，建立起体现教研室活动全过程的“教研室常规档案体系”。教师是教学档案的形成者，一定要充分鼓励和号召一线教师参与教学档案建设，以教研室微观管理为依托，建立起跟踪教师教学科研全过程的“教师个人业务档案”。另外，高校档案在微观管理上要采用过程管理的方式，从纵向角度来加强教学档案的分层建设，真实反映教学的实际过程，体现教学档案的清晰逻辑体系；然后，辅之以横向分类，形成层次分明的教学档案体系，加强教学档案的内在联系性和协调性，又不忽视不同教学档案的特点和作用，以更加清晰和流畅的

方式来构建教学档案体系。

4. 培养教学档案管理队伍的协调能力

教学档案管理工作涉及全体师生员工和各个职能部门之间纵横交错的合作关系。在实际工作中，教学档案管理人员的协调能力往往与档案管理工作的顺利开展和实际效果密切相关。因此，需要不断培养和巩固教学档案管理队伍的协调能力，通过沟通与交流、对话和理解，从而达到各部门、各类教学档案管理的协调统一。除了尽可能要选调档案专业人员加入教学档案管理队伍、继续加强教学档案管理队伍的职业能力培训之外，我们也要尽量安排性格温和、耐心细致、善于沟通的人员担任教学管理人员，还要加强一线教师、教研室主任、教学秘书和学校教务部门工作人员之间相互学习和交流任职的有效机制，保证这支队伍既熟悉业务又善于协作，使教学档案管理队伍形成相互理解、相互帮助，又相互督促的团结和谐集体，构建教学档案以人为本的协调柔性管理机制。教学档案管理是一项系统工程，需要高校各部门、各院系和全体老师的协调一致和密切配合。建立教学档案三级管理的协调机制，将会有力地推动高校档案建设的规范化、科学化和常规化，不断地提高教学档案管理效果，有助于高校办学水平的提高。

第三节　高校档案管理模式

一、高校档案的规范化管理

近年来，国家教育行政部门加强了对高校的宏观管理，并对普通高等学校本科教学工作进行了评估，这引起了人们对高校档案工作的重视，从而在客观上为教学档案的规范化管理提供了契机。

（一）借高校教学评估契机，大力宣传教学档案的作用

高校的教学档案是教学管理工作中不可或缺的重要环节，以往由于多方面原因对教学档案收集较少。比如，学生考试的试卷、试卷分析表、标准答案等并没有被大多数高校纳入教学档案归档范围，但它们却对今后的评估办学水平、研究教学及其管理的内在规律、改进教学方法、提高教学质量有着十分重要的作用。因此，在取得相关领导的支持后，在学校内部通过红头文件、全校员工大会、互联网学校主页、校报等形式在全校范围内营造一种氛围，以期人们对

教学档案工作形成共识，从而形成一个齐抓共管的良好局面。

（二）摒弃传统服务思想，主动出击，彰显教学档案效用，以有为谋求有位

档案的收集整理保管等工作的最终目的是利用，如何让教学档案活起来，应该说是值得档案管理人员深思的课题。一份成绩单、一张试卷都代表着学生的学习状况及学校的教学水平，在考察一名学生的同时也是对学校的点滴认识，从而证明了教学档案在实际工作中占据着极其重要的位置。只有教学档案发挥了作用，它的重要性才会显示出来，它的价值才能得以实现。

（三）注重教学档案的收集与积累，建立科学、规范的管理制度

在教学档案管理工作中，要制定明确的教学档案目标管理标准，建立起一套教学档案管理制度，对有收集价值的教学材料要详尽列入教学档案收集范围。同时，要建立学校档案工作网络，确定各专、兼职档案人员岗位责任制，制定目标管理标准考核制度，切实考核，奖优罚劣。高校档案工作者应定期到教学部门了解、检查教学档案的收集情况，宣传档案业务知识，逐步参与教学管理。

（四）做好编研工作，为教学管理部门的决策提供依据

档案管理人员应充分利用所收集的大量教学档案的优势，做好编研工作：

①通过对试卷的清理，从成绩的分布情况可以检查出试卷的质量是否符合学校的要求，考察教师对教学工作的责任心；

②通过对现行教学管理制度的汇编，可以使师生对教学管理制度有较详尽的了解，便于师生对教学管理文件的学习，增加学生的学习积极性和主动性；

③通过对建校以来教师的职称分布、年龄分布、学历层次分布的比较，为学校师资队伍建设决策提供依据。

高校档案工作者应充分抓住机遇，强化教学档案管理，服务教学工作，服务于普通高校教学评估工作，为校领导的决策提供翔实、准确、客观的依据，实现良性的自我发展。

二、网络环境下的高校档案管理模式

（一）高校档案网络管理的含义及特点

高校档案是指高校在以往的教学活动、科研活动、教学管理中直接形成的，具有保存价值的各种文字、图表、声像等不同载体形式的教学文件，它是高校

档案的重要组成部分。高校档案管理工作是围绕着高校档案的收集、整理、加工、保管、开发利用等环节所组成的业务工作的总称。伴随着高校教学、科研及教学管理活动的开展，教学文件和档案持续产生。在网络环境下，高校档案管理呈现出虚拟性、集成性和网络化等新特点。

1. 虚拟性

由于数字档案信息的集散性、数字化以及跨平台性，使得对于教学档案的管理表现出虚拟性。这种虚拟性，为数字档案信息的异构平台的信息采集、加工处理以及提供利用提供了便捷的通道。

2. 集成性

教学档案集成管理，则从集成新视角去分析教学管理活动，立体地、综合化地运用各种不同的方法、手段、工具，将教学档案组织中人力、物力等软、硬件资源要素有机地纳入管理视野之中，并将教学档案管理组织内外的各种集成要素按照制定的集成模式进行整合，促使各集成要素功能匹配、优势互补、动态开放及创造性融合。利用网络的软硬件平台，实现面向师生利用的档案信息资源的网络集成管理和服务，是高校档案管理的特色和优势。

3. 网络化

信息网络已经将高校的教学部门、行政管理部门以及后勤服务部门连接起来，这为档案信息资源管理提供了必要的支撑，形成的网络化数字教学档案信息资源，能够为高校的教学、科研和管理活动提供必要的电子证据和信息支持。

（二）网络环境下高校档案管理的模式

随着档案信息管理网络化趋势的日益增强，以档案实体为管理对象的传统管理模式越来越不适应高校的教学科研和管理的自身需要。为了适应网络化教学档案管理工作的需要，档案部门应采取适合本校特点和体现自身优势的管理模式，进行理论和实践上的创新。目前，高校档案管理模式主要有以下三种。

1. 集中式管理模式

这种管理模式是以高校内部的教学管理机构（教务处）或教学档案管理机构（学校档案馆）为主体，而形成的一种教学档案信息资源的集中管理与提供服务的模式。从具体的操作来讲，就是以这些机构作为学校教学档案信息管理和对外服务的中心，利用配置较高的网络服务器，建立专门的教学档案信息网站，通过内联网（Intranet）或因特网（Internet）提供校内外利用。集中式管理模式有其优缺点。该模式的优点在于硬件购置集中、避免重复，对于教学档案信息资源的管理也比较集中，从而增加了网络信息的安全性；该模式的缺点在于教学档案信息更新较慢，易造成数字档案信息流失，从而造成利用不便。

2. 分布式管理模式

分布式管理模式是指充分利用现有的，广泛分布于学校教学管理机构和各院（系、所）已有的（或配备的）网络服务器等硬件资源，通过校内发达的内联网网络，把形成的教学档案信息及时上传上载，从而分散地提供利用服务的一种方式。分散式管理模式的优点在于教学档案信息更新速度快，信息量大，便于利用；其不足是软硬件系统的购置投资大、管理难度较大，档案信息安全性较差。

3. 集成式管理模式

在网络环境下，集成管理是高校档案管理的重要模式，中国计量大学研究馆员连红老师认为："将教学档案信息管理与服务的全过程作为一个有机的系统，以全方位、全范围和全阶段的'大集成'管理思想，赋予教学档案管理体系的系统性和动态性，使文件运动各个环节规范标准，将重要的界面关系纳入档案管理状态，进行控制、协调和沟通。"在集成管理模式下，高校档案工作要多措并举，综合性地运用各种资源，包括管理层面和技术层面等相关因素，切实实现各种资源要素的整合和集成。集成管理模式是高校档案管理发展的重要趋势，尤其是在网络环境下，针对数字教学档案及有关信息资源的管理，要结合高校内的多个管理信息系统，如教务管理信息系统、各种办公自动化系统等，积极实施信息系统集成，实现网络的互联互通和系统资源的共建共享，保障高校教学"电子证据"的真实性及其价值的充分实现。

（1）以高校局域网为基础，实现校内教学档案资源的集成管理

近年来，各高校内广泛建立局域网，形成了高校内部教学、科研和管理的信息交换平台。由于局域网具有较高的安全性、易维护性、传输速度快等优点，能够满足高校内开展教学档案集成管理工作的需要。高校内形成的教学档案广泛分布于校内各行政管理部门和教研部门，通过校内内联网的构建，学校行政管理部门、院、系（所）以及档案馆（室），可以把大量具有保存备查价值的教学文件，通过逻辑归档和物理归档，实时或定期上载或通过 FTP 上传到内部网文档服务器（包括 Intranet/Internet Web 服务器、档案数据服务器以及

Intranet/Internet 服务器）进行集中归档保存，通过网络提供教学档案信息供校内行政管理部门、师生利用，从而达到充分实现教学档案价值的目的。

（2）依托中国教育和科研计算机网，逐步实现高校间教学档案的集成管理与集成服务

在充分发挥校内基于局域网的档案信息资源整合和集成的基础上，充分依靠中国教育和科研计算机网（CERNET），进而接入因特网，这就形成了覆盖我国高校乃至全球的教学档案信息资源集成管理和服务的新格局。在互联网络环境下，在立足本校的管理和服务集成的情况下，可以进一步把丰富的教学档案信息资源，如硕士博士论文集、教案示例、教学方法与经验、课件、电子教室、试题、教研成果等教学档案信息，通过网络向国内外高校、社会各界公布，以积极的姿态为广大利用者服务。

三、高校档案管理模式的创新

高校档案管理作为一项重要的工作，教学档案涉及面广，包括教学岗位的各个方面，全程记录教学过程具有多种表现形式，高校档案管理的好坏直接关系到高校教学的发展。随着教育改革的发展，对高校档案管理的要求也越来越高，高校只有加大教学档案管理的创新，才能提高教学档案管理的水平，进而促进高校教学的发展。

（一）高校档案管理模式创新的必要性

高校档案管理作为高校管理的一项重要工作，教学档案反映了高校的办学水平，做好教学档案管理工作有助于提高高校的办学水平。就当前高校档案管理工作来看，档案管理信息化水平低，教学档案管理工作不全面，专业的档案管理人员不足，进而造成高校档案管理水平低，这严重影响到了高校教学的发展。这种管理模式很显然已经难以满足高校档案管理工作的需要了。伴随着信息技术的发展，计算机网络的应用也越来越普遍，而高校要想更好地发展，就必须加大教学档案管理的创新，利用计算机网络技术，推进高校档案管理的信息化建设，进而更好地服务于教学。

（二）高校档案管理模式创新的方法

1. 加强档案管理的标准化建设

在高校档案管理工作中，实现教学档案管理标准化建设不仅是我国教育改革发展的需要，同时也是我国信息化技术发展的内在要求。为此，在高校档案

管理工作中，高校应当认清形势，用发展的眼光看待问题，同时引进先进的技术，建立统一的信息化管理系统，加强学校各部门之间的联系，确保教学档案的真实性。另外，在高校档案管理工作中，管理工作者要善于利用信息技术，将现代化的档案管理资料、数据等相关信息都按照统一的标准来进行管理，形成标准的档案管理体系，从而将档案管理现代化引入正常的轨道中。同时，要做好系统的日常维护，对教学信息进行定期的更新。

2. 创新教学档案管理思想

就目前来看，高校档案管理工作中所采用的管理方式依然比较机械，没有认识到教学档案管理建设的真实目的进而影响到教学档案管理效率。为此，在高校档案管理工作中，要积极地创新教学档案管理思想，在教学档案管理工作中要坚持以人为本的理念，鼓励师生共同参与到教学档案建设中来。因为教师与学生是教学践行者和接受者，他们最有发言权，让他们参与到高校档案建设中来，进而不断完善档案材料，确保教学档案管理效率。

3. 实现现代化的管理

在高校档案管理中，不断加强现代化管理意识，可以让现代化管理意识深入档案管理者的心中，规范他们的工作行为，进而确保教学档案管理效率，提高管理水平。在高校档案管理中，实现现代化的管理，可以有效地提高档案管理的有效性，在管理工作中，可以利用先进的科学技术和管理方式，不断提高工作效益，从而提高高校教学水平。

4. 更新教学档案管理设备

在高校档案管理工作中，设备陈旧，甚至在一些基层仍采用人工的方式进行档案的记载和管理，这些都会影响到教学档案管理效率。在这个高速发展的社会，经济越来越发达，档案管理也越发的重要，为了提高档案管理现代化的水平，高校必须加大资金投入，引进先进设备，为高校档案管理工作提供保障。

5. 健全管理制度

教学档案管理是高校管理中的一项重要工作。教学档案不仅关系到学校的发展，同时也关系到学生的成长。只有健全管理制度，才能不断提高教学档案管理的水平和质量。在高校档案管理工作中，学校必须加强学籍管理信息化建设，完善学籍管理制度，建立统一信息管理系统来加强教学档案管理。档案管理制度必须从学校实际出发，以国家相关法律法规为依据制定，内容应涉及教学档案管理工作职责单位、主要职责内容等。

6. 加强专业管理人才的培养

在高校档案管理中，专业的管理人员有着不可替代的作用。高校只有重视专业管理人员的培养与任用，才能提高教学档案管理效率。在高校档案管理工作中，高校必须注重专业档案管理人才的培养，不仅要加强职业素养的培养，同时还要加强计算机操作能力的培养，进而为高校档案管理工作提供保障。随着教育事业的发展，对高校管理工作的要求也越来越高。高校档案管理的好坏直接关系到高校教学的发展。面对这个飞速发展的社会，我国高校要想更好地发展，就必须加大教学档案管理的创新，在高校档案管理中加大技术的应用，进而不断提高教学档案管理水平，为高校教学的发展提供保障。

（三）教学档案管理模式创新之集成管理

1. 教学档案集成管理的理念及体系

21 世纪的信息全球化，交叉学科的融合为管理学领域带来了勃勃生机；集成管理因其“集合而成”的基本特征和与时俱进的优化模式，尤其受到人们的青睐。档案集成管理，是指集成主体以全新的管理理念及方法，突破人们惯有的常规模式，以积极的探索精神将集成的基本原理和方法创造性运用到档案管理中的一种实践模式。教学档案集成管理，则从集成新视角去分析教学管理活动，立体地、综合化地运用各种不同的方法、手段、工具，将教学档案组织中人力、物力等软、硬资源要素有机地纳入管理视野之中，并将教学档案管理组织内外的各种集成要素按照制定的集成模式进行整合，促使各集成要素功能匹配、优势互补、动态开放及创造性融合，从而使得教学档案管理系统完整，整体功效倍增，变被动为主动，最终促进整个教学管理活动效率的提高。

教学档案集成管理模式是根据 21 世纪信息时代电子文件和档案未来发展方向，结合高等教育的各种需求背景，有助于二级学院的档案管理与时俱进的原则，建立高校基层教学档案集成管理体系。

从管理与利用基层档案管理的实际出发，集成管理即将教学档案信息管理与服务的全过程作为一个有机系统实施管理。高校应以全方位、全范围和全阶段的“大集成”管理思想，运用文件生命周期和集成的理念，基于界面管理交互作用的学术新观点，赋予教学档案管理体系的系统性和动态性，使文件运动各个环节规范标准，使重要的界面关系纳入档案管理状态以实现控制、协调和沟通，达到领导重视、教师积极参与、不断开发创新和相互交流档案信息的效果，实现以教学科研服务为核心，提高教学质量。

依据上述理念构筑的院系教学档案集成管理体系，内容包括理念集成、过程集成、组织集成、方法集成，其中又包含“双轨制”原则、全程管理原则、界面管理原则等，使之集成一体、创造性融合，既互为统一又交叉渗透，达到系统优化、管理高效、用户满意的目的，其最大价值是实现一种最优化管理理念和一种最佳实践模式。

2. 教学档案集成管理的原则

根据教学档案集成管理的理念与体系，下列三项基本原则为规范院系教学档案管理起到了较好的作用。

（1）“双轨制”原则

“双轨制”原则是指采取纸质与电子文档同时归档的“两条腿走路”方式，确保文件资料的安全和利用，并统一实行集成管理。该原则旨在改变师生检索工具单一的状况，建立和完善多种检索渠道，最大限度地实现教学资料信息为教学服务的目标。以“双轨制”集成理念为统摄纲领，贯穿教学档案的集成管理全过程，促进纸质与电子文档界面之间的交互作用。

（2）全程管理原则

教学档案的全程主要是指教学档案的生命周期，在教学实践活动中直接形成的一切原始记录，从其形成到最后消亡或永久保存的完整生命过程。教学档案的整体性决定了教学档案管理的全程性。把握每个环节的界面接口联结，都应根据教学档案运动的客观规律，从宏观的角度全面有效地控制档案从生成到销毁或永久保存的生命过程。

（3）界面管理原则

界面原指各种仪器、设备、部件等的接口，后被引入管理领域，大部分引用在企业管理中。但随着时代的变化，其内涵和外延都得到了迅速的拓展，应用前景越来越广阔。教学档案的界面管理是指为完成某项档案管理任务，教学单位之间、单位内部各组织部门之间、有关成员之间在教学管理环节的人、物、信息等要素交流方面的相互作用关系。教学档案的界面管理可分为三种情形：一是计算机的机械界面管理；二是文件入库后的整理、鉴定、保管等阶段的界面管理；三是文件的产生、收集和利用等环节的界面管理。前两种界面管理主要与物交流，最后一种与人沟通。具体表现形式为协调机构与人（主体）之间的交流与沟通的组织模式及管理方式。其实质就是解决教学档案界面各方在分工与协作之间的矛盾，提高管理的整体功能，实现教学质量绩效的最优化。高校应将以上档案管理基本原则集成一体、互相渗透，并在建立的教学档案集成管理体系中融会交叉应用。

3. 教学档案集成管理原则的有效运作

在实践理念集成、过程集成、组织集成、方法集成四个方面的集成管理运作中，通过“双轨制”原则、全程管理原则、界面管理原则的有机集成，达到了有效的管理目标，开创了院系教学档案管理的新局面，激活了高校教学改革的思路。

（1）理念集成，与时俱进

集成管理是一项系统管理，明确集成目标至关重要。针对高校二级学院档案管理缺乏标准化的管理体系和连续性管理的长效机制等问题，管理者应站在宏观的角度，以教学档案为媒介，以教学管理的新思路作为总纲领，集成前瞻性、科学性、先进性、创新性为一体的理念，设计二级学院档案集成化管理模式。具体操作如下：

①构建院系教学档案应有长远的战略视野，赋予档案集成管理系统科学的内涵，要有与时俱进的理念，师生应具有强烈的团队意识和创新思想，才能使教学档案管理质量升华；

②以集成思想为指导，突破惯有的教学档案常规管理模式，以科学发展观来改革院系档案系统，对教学档案管理体系进行前瞻性的规划，按照既定的集成方式或模式协调一致，使之达到优势互补；

③集成管理是一个与时俱进、不断调整的动态过程，以科学发展观把握宏观与微观的调整，以档案“双轨制”管理为轴心辐射各区域，每个区域的接口集成了界面管理的理念，以此改变被动单一的管理状态。

（2）过程集成，环环相扣

目前国内大部分高校的二级学院重管理、轻档案现象普遍存在，教学档案不齐全，难以体现教学水平，难以通过教学档案管理来监督教学管理。为改变这种现状，应在实践中运用全程管理原则。

根据院系的实际情况，一是对文件生命周期的过程进行全程集成管理；二是研究工作方法，对管理的过程实行“全程控制”。

首先，对传统的档案管理重新审视并进行改革，按教学文件生命周期各个阶段的特点和管理要求，全面梳理院系所有产生的教学文件资料，构建系统化、规范化、标准化的管理体系，使之成为院系档案管理的一个系统。

其次，对集成材料的产生、收集、鉴定、整理、开发、利用、保管、销毁等整个生命周期的每个环节严格把关，根据教学文件运动过程中各种因素之间存在着特定的内在联系等特点，解决界面接口连接的障碍，使之畅通，环环相扣，确保教学档案管理的完整性。

最后，在实行全程管理中抓重点。教学档案在全部生命过程中先后表现出不同的作用和价值，使其整个生命周期可以区分为不同的运动阶段，即档案运动阶段性的特点决定教学档案管理的针对性，只有在把握全程管理的同时，突出重点，才能实现全方位、全范围和全阶段的集成化管理。

（3）组织集成，路径畅通

组织是一个社会系统，是由多个部分（子系统）组成的有层次、有结构的一个社会系统。高校的院系就是构成高校组织的子系统，而院系本身作为相对独立的组织又包含多个更小的子系统。教学档案管理是组织与人脉复杂关系交叉的系统工程，往往一位档案员难以完成。因为教学档案的来源在于教与学产生的材料，它不同于其他档案，学科多，专业性强，涉及面广，档案材料产生按照教学档案分类体系达 70 多种，全部记载了教学每个环节，反映了教学管理的整个状况。鉴于教学档案的属性，应与教学管理直接挂钩，通过强化团队的力量来实现教学档案集成管理的目标。

界面管理作为一种管理理念和管理方式，有着更高的战略视角和更系统的内涵。根据组织集成的包容性、复杂性和协同性特点，从提高教学质量的宏观视角出发，建立机构组织沟通界面和人脉组织沟通界面管理两条体系，把循环往复的教学过程中运作的问题进行有效的、有次序的系统控制。机构组织沟通界面包括各部门相互间的关系，办公室与各系部、研究所之间的关系；人脉组织沟通界面有领导与教师的关系、教师与学生的关系、档案员与师生的关系等一环套一环的网络结构。例如：为完成院系档案建立的同一目标，从材料的产生、收集、整理等接口把握质量，教师和学生是材料产生的主体，他们是教与学的直接参与者，提高教学质量必须从材料产生的源头抓起，这需要教师之间的沟通互助，只有团队的配合才能实现界面效应。因此，为有效地排除复杂的档案界面障碍，应把握界面管理的团队性、共识性、开放性、约束性等原理，通过公关模式和组织沟通原则等集成途径，协调处理教学组织机构与教师学生之间的各种界面关系，确保实现界面管理的目标。

①公关模式。一是宣传性。宣传性主要是指利用各种传播媒介，向档案公众进行宣传，提高档案公众的认识。例如，以“认真编写教案，提高教学质量”为主题的橱窗展览，为收集教案讲稿起到了很好的宣传。二是交际性。交际性是指以人际交换为主，通过机构与人脉两条线的接触，交换信息，交流感情，

创造良好的相互信任的心理气氛，为教学档案的产生、利用创造良好的环境。三是服务性。服务性主要体现在学院档案室为师生提供优质服务方面：一方面，以实际行动促进了教学水平的提高；另一方面，办学层次的提高，反过来也促进了管理。

②组织沟通模式。院系是教学的基层管理组织，是教学管理与教学实践之间的枢纽。许多问题并不适于集权决策，协商、协作在解决这类问题时更为有效。沟通与协商机制有两种途径：一种正式途径是制度化的信息沟通与协商机制，需要制度来保障实施，通过制度把众多组织的聚集与界面管理集成运行；一种非正式途径是通过同级部门的负责人工作人员之间、教师学生之间的私人的交流与协商，来达到工作目标。两种途径相结合，形成了动态性创新界面，发挥了档案管理的整体优化功能。

（4）方法集成，收效显著

以档案学原理为理论基础，以集成思想为指导，综合运用档案学、管理学、传播学、情报学、文学、美学、计算机网络等交叉学科的理论知识的创造性融合，集成各种方法、手段、工具等资源要素建立制度、文献、网络“三位一体”的集成管理动态模式。例如，从方法上研制了经济实用、易记易操作的三部曲十步法教学档案集成模式，把建立体系、编研文献、构建数字网络三步曲集成一体，按照十步法的步骤及每种方法的过程，实行界面管理。数字网络技术界面的集成、三种纸质编研模式的界面集成等，赋予教学档案内容与形式统一的文化品质，这种开放动态的集成模式，超越了高校档案管理现状，体现了教学档案为教学服务的使用价值。

（四）教学档案管理模式创新之全面质量管理

高校档案作为高校档案工作的主体和核心，是衡量高校教学质量、科研学术和管理水平的重要尺度。然而，在高校档案日常管理中，教学档案数量的庞大，范围的广泛、来源的分散，加之高校教师档案意识不强等原因，导致教学档案存在归档的时效性、准确性、完整性、规范性不高，利用率低下等诸多问题。全面质量管理是一种以顾客要求和期望为驱动，以组织全员参与为基础的质量管理形式。本节拟在高校档案管理中引入全面质量管理的理念和方式，通过高校档案全面质量管理模式的构建，以实现高校档案和服务质量持续改进的目的。

1. 满足利用需求，构建管理核心

全面质量管理“始于识别顾客的需要，终于满足顾客的需要”。档案信息服务的本质决定了档案活动运行的动力机制是在根本上满足利用者的需求。没有需求或满足不了利用者的需求，档案信息服务便不可能长期存在和持续发展。因此，高校档案管理，无论是在战略设计和规划上，还是在技术、业务流程的设计形式上，或是在信息资源的集成和开发上，都应始终贯穿着以满足高校教学和广大教师需求为核心的基本原则，广大教师的满意度应当成为高校档案信息服务绩效测评体系中最基本的指标。

然而在实际的利用工作中，就高校档案利用者和利用目的而言，利用者多为行政管理部门人员且大多利用需求源于立档单位对其部门历史资料的查询，教师和科研人员利用档案较少，利用档案进行学术研究的几乎没有。而很多教师主要是因职务、职称、荣誉认定，成绩、学历、学位认证、身份、婚姻、财产公证等，需要向上级部门或权威部门提供档案材料而不得不走进档案馆。这种一次性的被动利用需求和狭隘的服务层面，使高校档案部门在整体工作中难以产生相应的旨在服务广大教师的内在驱动力，影响了广大教师对档案和档案工作的认知度和认可度，并最终成为制约教学档案工作发展的瓶颈。

（1）重视档案编研，增强服务能力

高校档案部门要拓宽档案信息服务层面，首先应从现实出发，以挖掘现有馆藏资源为自身“生存之道”。教学档案的重点在于开发利用，而利用的最大价值在于对原始材料的提炼和编研。因此，对教学档案编研内容、编研形式、编研方式和编研途径的选择，成为提高教学档案服务水平的切入点。在教学档案编研开展过程中，应以高校教学、科研、管理需求为出发点，围绕高校重点、难点以及热点问题进行专题汇编，如在编研过程中，学校融合教学评估材料整理的一些方法，采取将所有零散材料串成系列汇编的方式展示，形成教案讲稿、试卷管理、学术信息服务、学生成绩、等级考试、教研活动、精品课程、重点课程、公开示范课程、特色专业人才培养模式改革、专业综合改革、卓越人才培养等专题汇编，这种全方位和整体性的编研工作，提高了系列教学档案的质量和管理水平，有助于教学档案利用率根本性的突破。同时要注重教学档案信息开发成果的推广，通过教育信息参考、报刊、展览、讲座、专题报告等多种途径和渠道将教学档案信息输送出去，真正实现其社会效益和经济效益。

（2）优化档案内容，提升信息内涵

高校档案部门应以馆藏渠道的拓宽、馆藏结构和内容的优化作为自身的“发展之道”。为改变高校档案馆普遍存在的教学档案门类单一和档案载体形式单一的问题，档案部门要加强对非文件材料和新型载体材料的关注，多留意报纸杂志有关教学新信息的报道材料，做好剪辑归档工作。在档案的征集和收集范围上，要打破信息资源保存机构的限制，以高校局域网为基础，积极推进校内教务管理信息系统、人事管理信息系统、大学生综合素质管理系统、各种办公自动化系统等多个管理信息系统的集成，实现最大程度上的信息资源整合。目前各高校已基本建立起局域网，形成教学、科研、管理的信息交流平台。分散于学校各行政管理部门和教学单位的具有保存查考价值的档案，可通过校内内联网实时或定期上载或通过 FTP 上传到内部网文件服务器，进行集中归档保存；通过档案检索工具系统的建立，实现教学档案的真正开放。

2. 实施全程控制，夯实管理根本

高校档案全面质量管理坚持以预防为主的全过程、全方位管理，其管理工作的重点由传统管理模式的“事后把关”转变为“事前预防”，从管结果转变为管过程中的因素。而所谓的高校档案的全过程、全方位管理，就是对高校档案资料整个生命周期的各个阶段进行“全程管理”，就是研究工作方法，对管理过程实行“全程控制”。

（1）管理前期介入，统一工作标准

在每学期教学活动展开之前，将教学档案工作纳入教学管理活动规划之中，根据教学活动内容、特点，制订教学档案工作计划，明确档案工作管理体制、归档标准、进度和质量要求、组织和经费保障等内容。健全的管理体制和工作网络，为教学档案工作提供了组织保障；完善的档案工作制度、档案分类方案、文件材料归档范围和保管期限表等业务规范，为各立档部门在文件的形成、积累、整理、归档过程中的工作提供了依据。在教学档案工作展开之前，档案管理部门可以通过召开会议、举办培训等方式，提高立档部门对教学档案工作的认识，统一教学档案工作的标准，明确各立档部门的职责，为教学实施阶段大量文字材料的归档管理打好基础。

（2）管理期中控制，实现同步监控

高校档案是高校教学质量控制的凭证和载体，其作为教学管理活动不可分割的一部分，使得档案工作和教学工作同步化管理成为可能。高校档案质量的全过程、全方位控制，可通过将其纳入完善的高校教学质量保证体系之中来实现，即高校档案工作关联部门在布置教学任务时把教学档案的“形成关”，在验收教学成果时把“归档关”，在检查教学时把“质量关”，在总结教学时把“整理关”，最后由档案部门把“审核关”，在教学质量严格的监管、层层把关中，使教学档案从积累、归档到移交都处于受控状态。在具体的教学档案管理实施过程中，学校各教学单位推行预立卷制度，在学校规定归档时间之前，通过实时或定期的方式将教学过程中形成的教学档案录入档案管理系统软件，只有经档案管理部门检查，文件材料完整齐全，才允许实体档案进馆归档。教务管理部门在检查教学质量、进度时，同步检查教学档案资料的形成、管理情况。由于教务部门能参与教学全过程，对教学过程的每一个环节进行质量和进度控制，因此明确教学质量管理部门对教学档案工作的监督职责并落到实处，是实现教学档案工作全过程管理的关键所在。档案管理部门实行教学档案工作联络员制度，档案管理人员定期检查、监督和指导对口联系的立档部门的教学档案工作，考核教学原始记录和质量评定资料的形成与管理情况。

（3）管理后期验收，开展总结反馈

档案管理人员对收集的文件材料逐份检查，核查教学文件材料是否存在复印件、漏签字现象，核查文件资料记录是否完整、准确，核查形成的文件材料是否规范。对不符合归档要求的退回整改，同时将同步归档的电子文件和纸质文档数字化处理形成的电子文件，通过网络传输给相关立档部门，实现服务和保存并举的目的。

3. 促进全员参与，扎实管理基础

各级人员都是组织之本，唯有其充分参与，才能使他们的才干为组织带来“最大的收益”。高校档案全面质量管理活动需要高校各职能部门各层次人员的参与，只有充分调动广大教师参与的积极性，才能从根源上保证教学档案质量管理体系的预期收益。

（1）构建管理网络，细化全员责任

为调动全员参与教学档案管理工作的积极性和落实全员责任，学校成立以主管教学档案校长为主任、相关部门负责人为委员的“教学档案管理委员会”，并依据《高等学校档案管理办法》，定期检查、指导教学档案管理工作。建立教学档案分级管理模式，在校级档案管理部门统一管理下，各教学单位建立教学档案资料管理室，对教学档案实行校、院两级管理，形成以“教学档案管理部门—教学单位教务办公室—教学科研科、学生科”为主线的教学档案管理网络体系。实行层级目标责任制，坚持“谁经手，谁负责；谁主办，谁预立卷”的原则，将责任细化到每项职责、每个管理阶段、每个人员。根据教学档案管理责任人的业务工作及教学档案管理部分的工作量大小、难易程度及重要等级，制定切实可行、细化的考核标准和分值，并依据考核结果进行相应的奖惩，以确保考核的落实。需要注意的是，学校领导作为人财物等稀缺资源分配权的掌握者，其对教学档案的重视是高校档案质量管理体系有效运行的重要保障，因此明确和落实教学档案管理中各级领导的职责被视为全员参与的首要内容。

（2）加强档案宣传，强化档案意识

档案意识是人们对档案和档案工作的主观印象，是人们对档案性质和价值的认识，以及对档案工作的性质、地位和作用的认识。档案意识越强，越有利于教学档案材料的有效收集，越能提高形成档案材料的时效性、准确性和完整性。档案宣传是提升高校教师档案意识的有效方式之一。高校档案部门应立足于现有馆藏，充分发挥教育基地功能，配合当前形势和学校中心工作，举办不同形式的档案展览宣传，如举办学校发展历史纪实图片展、大学生文化建设图片展等各类主题展览。展览的形式应多样化，如室内展览、网络展览、流动展览；展览的内容应具形象性、直观性，且不局限于档案自身的介绍，还应尽可能多地介绍档案的利用途径和方法，如在宣传档案信息资源开发成果时，公布馆藏情况，如《档案馆指南》《教学档案要览》《全总介绍》《特色档案资料目录》，提供档案馆的详细地理位置图、查询电话和电子邮箱等，使广大教师对档案的认识，延伸至对档案机构、档案工作、档案人员等各方面。

4. 坚持持续改进，落实管理目标

质量是“一组固有特性满足要求的程度”。高校档案对教学和广大教师需求的满足程度越高，其质量越高，反之则认为其质量越差。为适应复杂的外部环境、满足教学和广大教师不断变化的需求、提高高校档案质量管理体系的有效性和适应性，持续改进成为高校档案质量管理的永恒目标。

（1）开展教育培训，提高综合素质

“全面质量管理始于教育，终于教育。”质量教育是高校档案质量管理体系运行的基石，也是体系有效运行的切入点。因此，在教育培训的内容上，一方面要注重全面质量管理基本知识的教育。通过培训和引导，让高校档案涉及人员树立“质量第一”“利用者第一”“预防为主”“持续改进”等意识，使教学档案质量管理工作临时性、突击性的习惯做法转变为日常工作中的持久性、一贯性做法。另一方面要加强档案管理知识和技能的培训。通过培训，提高高校档案专兼职人员的工作方法或操作技能，为教学档案管理的规范化、标准化提供直接保证，为及时识别和改进需求并有效实施教学档案质量的持续改进提供基础。在教育培训形式上，应积极创新，如将岗前培训和岗上培训相结合、全员培训和骨干培训相结合、日常培训和专题培训相结合等，以促进高校档案工作者整体素质的提高。

（2）构建反馈系统，完善服务质量

高校档案质量管理信息反馈是持续改进教学档案质量管理的源泉，是一切教学档案质量活动的依据，是教学档案质量管理的“神经系统”，它存在于教学档案质量管理的全过程。因此，要明确教学档案管理网络中各信息收集人责任、收集内容、收集周期、收集方式及传递途径等，形成一个纵横交错、流程最短、传递渠道畅通的信息网络，以保证高校档案管理反馈信息的时效性、准确性和真实性。例如，档案管理部门通过完善查（借）阅登记工作，建立用户联系制度，开展实地调查和电话采访，分发档案信息反馈表，编发档案利用社会效益、经济效益实例等方式以提高教学档案利用工作的反馈。另外，要加强反馈信息与高校档案管理新决策的联系，对于教学档案质量日常管理中发现的潜在或已暴露的问题，应结合具体过程、岗位目标和要求等，采取纠正或预防措施；而对于涉及较大范围或整体性的改进，需以高校档案质量方针和目标为导向，以数据分析、反馈信息等为切入点，建立基本工作规则和纠正预防程序，形成系统全面的持续改进工作结构，以促进教学档案质量管理以一种螺旋式上升的方式不断提高。

科学合理的高校档案管理是监控高校教学质量、提高管理效益、开发优化教学资源、提高办学特色和水平过程中的一项前提性、基础性工作。高校档案全面质量管理作为一种全员参与、全过程控制、持续改进的系统性工程，对高校档案和服务质量的提升、管理系统的优化和管理绩效的提高起着积极的作用。

第四节　高校档案建设与管理

高校档案工作是国家档案事业的重要组成部分，随着高等教育事业的发展，高校档案工作得到了迅速的发展。尤其是《中华人民共和国档案法》及《中华人民共和国档案法实施办法》颁布实施以来，高校档案管理工作步入了标准化、规范化、法制化的轨道。随着以教育部本科教学工作水平评估为主的教育评估工作的不断深入，教学档案在收集信息、记录历史、总结经验、提供参谋等方面的作用越来越明显。系统地收集、科学地管理教学档案是高校搞好教育评估的一项基础性工作。

一、加强高校档案建设的必要性

（一）加强高校档案的建设与管理，是适应国家教育部本科教学水平评估的需要

为了加强本科教学工作和提升本科教学质量，教育部规定，所有本科院校都必须接受教育部组织的本科教学质量评估。丰富、翔实的教学档案资源，是准备评估材料的重要基础。但是，目前有些高校的教学档案，存在着不适应教育部本科教学评估的诸多问题。例如，重视上级红头文件，轻视本校文件材料；教师的教学档案收集得不系统、不完整；系、部的教学档案建设没有引起足够重视，只有在进行检查、评估时才匆忙进行整理。

（二）加强高校档案的建设与管理，是提高教学质量、搞好教学研究的需要

高校档案是教学水平评估的指标之一，这不仅仅因为它是一种历史记录，更重要的是它还是一种质量记录，能为教学管理提供参考，为教育决策提供咨询，因此教学档案的利用率非常高。高校的中心任务是将教学搞好，围绕高校教学活动所产生的大量的各种类型的材料记录、报告等形成了高校档案群中所特有的档案。这类档案记载了教学管理工作的内容、途径和效果，准确地反映了学校在各个历史时期的工作和活动情况，内容丰富，成分也较复杂，在高校的全部档案中占有相当突出的地位，在教学管理中也具有特殊的重要作用。因此，只有及时完整地将教学档案收集起来，并进行系统化、科学化的整理，才能使教学档案为提高教学质量、改进教学方法、促进教学研究服务。

（三）加强高校档案的建设与管理，是适应信息化时代的需要

档案信息化是一个以信息网络为基础，以信息技术广泛应用为主导，以档案信息资源建设为核心，以信息人才为依托，以档案信息法规、政策、标准为保障的综合体系。但是在我国档案信息化过程中，仍存在着思想认识不到位、人力财力投入不到位，以及在档案信息安全上过于苛求等问题。由于高校档案具有多科性、多样性、广泛性、层次性、时序性和成套性等特点，所以加强高校档案信息化建设，既有利于提高教学档案的管理水平，也有利于提升教学档案的服务效率。尤其是随着高校规模的扩大、层次的提高，生成的相关教学档案成倍增加，阅档和编研业务量也成倍增加，如果不利用信息化手段，就很难适应新形势发展的要求。

二、高校档案的目标导向

（一）目标导向的具体内容

1. 服务于专业和学科建设

专业和学科建设是学校可持续发展最重要的基石，也是高等学校办学的核心工作。教学档案管理在专业和学科建设方面可以发挥的作用是提供借鉴，规范引导。一方面，可以通过教学档案总结前人或其他学校的经验，吸取教训，为寻找高效可行的专业和学科建设道路提供依据；另一方面，专业和学科建设工作千头万绪，完善的教学档案管理可以为专业和学科建设提供规范的引导，有助于构建工作的框架，明确工作的抓手，完善工作的流程，强化工作的规范。

2. 服务于教育教学改革

教育教学改革是高校教学工作的永恒主题，是高校形成办学特色，打造办学品牌的必由之路。教学档案中包含着培养目标、教学内容、教学模式和学生特点等丰富的信息，人们往往忽视了这些信息在引领教育教学改革方面的作用。教学档案管理人员需要提升分析总结这些信息的洞察力和自觉意识，要建立起档案管理人员、教师、教学管理人员定期集中分析这些信息的机制，通过分析明确教育教学中“有什么、缺什么、需要什么和舍弃什么”的问题，并以此引导教育教学改革的方向和途径。

3. 服务于学生的发展

学生的能力与素质是高校办学水平的集中体现，促进学生的发展是高等教育关注的焦点。目前，不少高校档案管理服务于学生，仅限于为学生提供学业成绩证明，服务工作还应该向前和向后延伸，向前延伸是通过分析以往学生学业和能力培养的信息，指导新生的职业规划，让新生在制订职业规划时能有所借鉴；向后延伸是通过记录更加全面的学生能力、特长和性格特征方面的信息，使教学档案在引导学生就业、分析学生职业能力倾向方面发挥更大的作用。

4. 服务于教师的成长

教师是高校可持续发展的重要依托，也是学校办学质量的名片。随着高等教育办学规模的急剧扩大，不少高校教师队伍都出现了年轻化的趋势，在教学传承上出现了青黄不接的现象。由于大批刚毕业的博士、硕士踏上讲台，他们在学术上的成就并不能弥补在教学上的经验不足，而一些高校人手紧张导致“新老结对”和助教制度很难全面覆盖。通过组织新教师参阅和学习教学档案，可以帮助他们尽快熟悉教学规范，把握教学改革的方向，促进年轻教师的成长。

（二）构建目标导向型的高校档案服务体系

1. 增强服务意识，强化制度管理

教学档案管理工作的边缘化除了一定的客观因素之外，主观的服务意识不强，服务对象不明确也是问题存在的原因。搞好教学档案管理工作最重要的切入点就是明确服务导向，在此基础之上梳理各服务导向的具体服务项目，确立相关服务工作的目标、对象和要求，并使之制度化，保证服务工作长期有序有效地运作。增强服务意识是这一切的基础，要在每一位教学档案管理人员的心目中确立这项工作是一项服务工作，其根本目的是服务于学校发展的理念。当然，增强服务意识不仅仅来源于教学档案管理人员思想上的自觉，更需要学校在制度上的保障和激励，要通过制度强化教学档案管理的地位，明确教学档案管理的规范和责任，同时激发档案管理人员的积极性。

2. 坚持目标导向，优化归档方式

在高校档案服务的四个导向中应该以服务于专业和学科建设为龙头，以服务于教育教学改革为着力点，以服务于学生发展为目标，以服务于教师成长为支撑。可以按这四个导向将教学档案分为教学运行、实践教学、教学科研、质量工程、学业管理、技能竞赛、服务社会和队伍建设这八个方面，每个方面又可以进一步细分为若干小类。在档案材料的组卷方式上要以某一项工作为单位，实现全面及时归档，避免某一项工作的材料分散在不同的案卷中，甚至造成档案材料的缺失。组卷后的案卷要按照工作的性质纳入上述八个方面的某一类中，如某一材料与多个类别有关，可按照最相近的原则纳入某一类别。在归档形式上要重视纸质文件和电子文档的集中统一归档，避免因材料形式不同而造成案卷材料不全或材料遗失。

3. 档案工作前置，重视服务延伸

要充分发挥教学档案在高校教学管理和改革中的作用，必须要确立档案工作的前置意识，在开展相关工作之前，要把查阅和参考教学档案，了解工作的具体要求和规范作为必备前置环节，使教学档案能够真正发挥对相关工作的引领和规范作用。另外，教学档案服务的前置还有利于工作人员能够事先了解在工作中哪些材料必须注意收集和及时归档，这也有利于进一步完善教学档案，

促进教学档案管理的良性循环。拓展教学档案的服务领域、强化其服务功能，不仅需要重视教学档案服务的前置，还要重视服务的延伸，比如，通过教学档案对教学改革和质量工程的效果进行持续的监控和评估等。

4. 加强档案编研，强调及时反馈

目前，高校档案管理中存在着重形式、轻应用、重收集、轻分析的现象，对各种档案材料满足于简单收集、分类、归档，而忽视了对档案材料的研究和分析，弱化了档案工作对教育教学工作的反馈和引导。要强化档案材料的编研工作，在开展常规档案编研工作的同时，可以采取每 1 ～ 2 个学年确定一个档案编研的主题，着力解决当前教育教学工作中面临的主要问题。由于高校档案大多是由教学管理人员兼职担任教学档案管理工作，因此，教学档案的编研工作可以采取开放编研的方式，通过档案资料的开放，一方面可以吸纳高校相关专业的教师、图书馆与档案馆等部门的专业人员和社会上的相关专家参与到教学档案的编研中来，为他们提供丰富的研究素材；另一方面又可以有效地提高教学档案的编研质量，及时为教育教学工作提供指导。

5. 完善信息系统，强化人员培训

档案材料的电子化是信息时代的必然要求，而通过信息管理系统来管理档案则是档案管理工作的必然趋势。目前大部分高校建有 OA 系统和教学管理系统，虽然这些系统使各类教学管理材料初步实现了电子化和无纸化，但这些系统本身整合程度低，在设计时也没有统筹考虑教学档案管理的特点和需要，因此还不能成为教学档案管理的载体。因此有必要建设集中统一的教学管理信息系统，在其中纳入教学档案管理模块，模块的设计既要考虑档案管理的统一性和规范性，又要考虑档案材料的开放性和多样性，依托管理信息系统创新档案管理方式，强化档案资料的网络共享。此外，还要加强对相关人员的培训，特别是要针对不同的人员开展有针对性的培训，比如教师需要在什么时间节点提供什么样的档案材料、学生对自己个性化的档案材料怎样进行管理等。

要充分发挥教学档案管理的效益，不仅需要长期的积累，还需要明确的服务目标和工作规范。明确教学档案管理的服务导向，厘清教学档案的分类体系，拓展教学档案服务的领域，强化档案材料的编研，创新教学档案管理的方式对高校提升办学质量、凝练办学特色、打造办学品牌具有重大的现实意义。

三、高校档案建设与管理的基本要求

（一）教学工作和教学管理工作是高校档案建设与管理的基础

要建设与管理好高校档案，首先要加强教学工作和教学管理工作。在教学管理和教学实践中直接形成的具有保存价值的文字、图表、声像等文件材料，是高校教学管理水平和教学质量的记载，是高校档案的主体、核心和重点。只有高水平的教学实践和教学管理工作，才能产生具有较高利用价值的教学档案。只有严格按照教学管理的规章制度开展教学活动，进行教学管理，所形成的教学文件资料才能确保教学档案的质量，充分发挥教学档案的应有价值。

（二）以学生和教师为本是高校档案建设与管理的本质

高校是为社会培养人才的地方，教与学是学校的中心工作。教学档案是学校教学活动的原始记载，它具有凭证作用，是教师教学工作的真实反映，是学生学习的真实记载。例如，在校学生花名册为学生提供学历证明，学生成绩单记载了学生在校的学习成绩，学籍反映了学生学籍变更情况和毕业情况，教师的授课计划、教学大纲、教案、多媒体课件、听课表、教师教学质量的检查评估及年度考核材料等为教师晋级评聘职称提供了有力的依据。建设和管理好教学档案，让学生和教师充分利用教学档案资源，这既可以进一步增强学生学习的积极性、主动性和创造性，又可以进一步提高教师的教学改革和教学研究水平。为此，高校档案建设与管理要体现以学生、教师为本的全面、协调和可持续发展观。

（三）科学规范的教学档案管理制度是高校档案建设与管理的保障

高校档案建设与管理作为教学管理的重要环节应予以高度重视，并需要制度作保障。高校应制定科学规范的规章制度，明确有关人员的职责，规范档案建设的标准，建立档案管理的检查、评比、监督、奖惩机制，使教学档案的形成、整理、利用常规化、制度化和现代化，确保教学档案的系统性、完整性和科学性，提高教学档案的利用率。应将教学档案工作纳入教学计划、规划之中，纳入教学管理制度之中，纳入各级管理人员岗位责任制之中，并将教学档案工作作为考核教学质量和管理水平的标准之一。只有切实贯彻以上要求才能确保教学档案的形成与收集相衔接。显然，严格教学档案管理制度，及时审查、验收档案材料不仅是教学档案的完整性和系统性的保障，也是对教学工作和教学管理工作规范化和科学化的有力促进。

（四）高校档案建设与管理的关键是明确职责、密切协作

高校档案的形成、衔接、管理、利用各环节涉及部门广，人员多，由于教学文件资料来自不同的职能部门甚至个人，因此必须明确有关人员和部门的职责，各司其职，各负其责，密切配合，才能建立起系统、完整、分类科学、便于利用的教学档案。在建设教学档案的过程中，要明确各单位和相关人员的责任，同时，建立一个包括分管教学工作的校领导、教学管理部门的领导、系主任、教研室主任、各系教学秘书（兼职档案员）、校档案室人员在内的负责衔接工作的人员网络。学校领导和教学管理部门领导主要从宏观上规划教学工作与教学档案工作的衔接，建立健全有关管理制度，把教学档案工作纳入教学管理之中，并监督执行。教务处、科研处负责将上级有关部门下发的文件和在招生工作、教务管理、科研管理过程中形成的文件资料，交由相关的系、部、科、室分门别类，整理归档。

（五）高素质的教学档案管理人员是高校档案建设与管理的保证

教学管理档案是为教学管理和教学实践提供参谋、咨询服务的，要有效利用教学管理档案，就要在分类、整理、分级归档的过程中按照档案分类的科学规范，根据类别按时间顺序整理、存放。这是一项烦冗、细致的常规工作，要求管理人员以负责的精神和科学的态度及时整理文档，避免因文件资料日积月累而增加整理工作的难度。可见，教学档案的收集、整理、管理是一项科学性、规范性较强的工作。只有建设一支档案意识强、业务水平高的教学档案管理队伍，高校档案的建设工作才能顺利进行。高校档案管理人员应具有以下 4 个方面的素质：一要有政治素质，要高举中国特色社会主义伟大旗帜，深入贯彻落实科学发展观；二要有专业素质，掌握有关档案管理的法律、法规和档案管理的知识、技能和技巧；三是要有服务意识，要树立全心全意为学生、教师的教学服务的思想，引导学生、教师查阅有关教学档案，提高服务效率；四是要有创新意识，创造性地开展教学档案的管理工作，积极主动地了解教学的新情况，处理新问题，适应新变化，努力探索教学管理的新方法，探索新路子。

四、高校档案建设与管理的对策

（一）建立健全教学档案管理制度

1. 提高认识，把教学档案管理摆在重要位置

应认真学习国家档案管理的有关文件，建立健全档案管理的制度，实行规

范化管理。应投入一定的资金，加强硬件建设，设置必需的档案备用库房和柜架，并有防盗、防火、防潮等设施。应配备专门的教学档案管理工作人员，并对其进行专业培训。

2. 建立教学档案立卷归档制度

凡是学校的教学文件、教师工作量、学科建设、考试安排、教学大纲、教学日历、学生成绩与学籍、课表等都要分类归档，教师的教学计划与总结、学术研究资料等要及时收集并归档，对归档文件以件为单位进行科学有效的装订、分类、排列、编号、编目、装盒；做好书写材料档案的保护工作，归档文件应齐全完整，已破损的文件应予修整，字迹模糊或易蜕变的文件应予复制。

3. 实行档案管理人员岗位责任制

明确档案管理人员的职责、权限、任务、考核和奖励措施。档案管理人员应时刻铭记自己的岗位职责，树立高度的责任感；熟悉所藏档案情况，及时了解各项工作对利用档案的需要，做好提供利用工作；做好文件借阅登记工作，并督促借阅者按时归还文件，防止重要文件的流失；做好档案库房设备的安全保护工作。

（二）提高档案管理人员的素质

首先，提高档案管理人员的政治与思想素质。高校档案管理人员必须坚持党的四项基本原则，坚持改革开放，拥护社会主义制度，自觉执行党的各项方针、政策，同时还要遵守学校的各项规章制度，在政治上与党中央保持一致，在行动上要服从学校工作的大局，档案管理工作要适应新形势下国家政策和发展的需要，服务于学校教育事业的发展。

其次，提高档案管理人员的职业道德素质。高校档案管理人员必须树立一切为学生服务的指导思想，对档案工作具有高度的责任感与事业心，爱岗敬业，忠于职守，认真负责，脚踏实地，作风正派，处事公道。以学籍档案为例，教师对学生考核一定要做到公平、公正，严格按考试大纲出题来考核学生的学习成绩，严格考试纪律，成绩一旦上报，非正常理由任何人无权更改，管理人员应按时统计分类归档，严格按规定办事，确保学籍管理材料真实、准确，切忌因为自己工作上疏忽或外界干扰影响教学档案的质量，甚至造成不良后果和恶劣影响。

最后，提高档案管理人员的知识素质。科学技术的飞速发展，信息技术的出现，对档案管理人员的知识素质提出了更高的要求，高校档案管理人员必须具备一定的专业理论知识，具有多学科的知识体系结构。也就是说高校档案管理人员除精通档案专业知识外，还要努力学好高等教育学、高等教育心理学、社会公共关系学、情报信息学、计算机科学、高等行政管理学等学科知识，时时更新自己的知识结构，以适应新时期高校发展的需要。

（三）实现档案管理的系统化和现代化

档案管理工作的基本任务就是把档案组成一个体系，通过分类使之固定下来，为使用提供方便，从而使教学档案更好地服务于教学工作。因此，实现管理科学化，就要树立先进的管理思想，学习科学的管理理论，继而采取与之相适应的组织结构、组织行为、管理方法和管理手段才能达到预期目的。首先，按照成果性和记录性并举的原则确定高校学术档案归档范围，确保教学档案和其他学术档案的完整与安全；其次，对收集起来的档案进行加工整理，做好科学分类和鉴定工作，高校要根据自身的规模和教学档案、学术档案的类型及数量，按照《高等学校档案实体分类法》的规定设置好二级类目，以便于档案的利用。

传统纸质档案的管理方式建立在手工操作的基础上，而现代电子档案、声像档案的管理则必须顺应计算机技术、声像技术、网络技术迅速发展的新形势，跟上现代化的步伐，更新长期以来形成的管理理念和方式。要把计算机的缩微保护技术引入档案管理和开发利用工作，以便最大限度地满足社会对档案部门快速、准确提供档案信息的需求，为经济建设服务。

第五章　高校档案信息化管理

高校档案是指在教师的教学活动、学生的学习活动和教学管理活动中形成的具有保存价值的教学文件材料，它是进行教学管理、教学研究不可缺少的依据和参考，是改进教学工作、提高教学质量的信息资源。传统的高校档案管理方式存在着信息流转不畅、纸张堆叠浪费、查询烦琐、文件存档工作量大等突出问题，形成了档案信息处理的广度和深度与学校教育管理决策的需要差距较大的现象。高等教育改革的深入和以计算机、网络技术为代表的现代信息技术的迅猛发展，也对高校档案工作提出了更高的要求，在信息化环境下如何充分发挥教学档案信息资源为教学工作服务的作用，主动适应21世纪高等教育改革发展的需要，已成为高校档案管理工作面临的重要课题。

第一节　高校档案信息化管理概述

档案信息作为公共信息资源，在当前社会和经济发展中具有非常重要的作用。高校是我国培养人才的重要基地，高校档案的信息化水平在一定程度上代表了高校教育的发展水平，因此需要做好高校档案的信息化建设，努力提高高校档案的管理水平。在高校档案信息化建设过程中，需要依托科学技术的持续发展和进步来实现高校档案的电子化储存，并利用网络来提高档案信息的规范管理，加快促进高校档案信息资源的共享和高效利用。在未来较长一段时间内，高校都需要将档案信息化建设作为一项重要工作来抓，并将其作为高校档案建设的重要发展方向。

一、高校档案信息化管理现状

高校档案信息化管理作为档案管理信息化的一个重要分支，已经成为教育界、档案界研究的热点。但是就目前高校档案信息化管理发展现状来看，基于这样或者那样的原因，整体上发展还不理想，还存在着一些不尽如人意的地方。

（一）高校档案信息化管理的内容与功能

高校档案信息化管理是我国档案信息化管理一个非常重要的分支，具有诸多知识经济时代的特征。

1. 高校档案信息化管理的内涵

高校档案信息化管理是信息化时代发展的一个标志，是档案管理模式、方式、理念发展现代转型的重要标志，是高校档案管理从管理实物实体档案到管理数字档案转型的一个重要过程。高校档案信息化发展具有丰富的内容，需要诸多的条件和力量供给方能实现，就目前而言，至少需要以下一些软件和硬件设施：现代化的信息技术及其人才的培养是根本的决定力量，各种档案信息资源是中心，互联网和信息高速公路的建设是根基，共享档案管理信息化成果是价值所在，各种高校档案管理信息化的制度和政策是可持续发展的保障。

2. 高校档案信息化管理的功能

高校档案信息化管理具有多重功能，信息化管理能够推动我国高校档案管理现代化的进程，能够加速推进档案信息资源的共享共建；信息化管理能够推动高校进一步改革、发展和进步，包括为高校的教学、后勤管理与发展提供重要的信息服务与咨询；高校档案信息化管理能够加速提升高校档案管理本身的实效和拓展其服务半径。

（二）当前我国高校档案信息化管理建设中存在的问题

高校档案信息化管理功能重要和内容复杂，理应得到重视和强有力的发展，但是目前我国高校档案信息化管理的发展整体上不理想，主要体现在以下方面。

第一，在观念与认识上，从学校领导到一般工作人员对高校档案信息化管理建设均显得不重视。一方面是高校领导对高校档案信息化管理建设不够重视，他们往往认为那只是档案管理部门的事情，彰显了高校领导对高校档案信息化管理的功能和地位认识不清楚不完整，导致了高校档案管理工作往往处于学校发展的边缘化位置。另一方面是从事高校档案管理工作的人员在观念上还保存着很多传统的档案管理观念，对信息化时代的档案管理发展认识不足，直接影响了高校档案管理的现代转型。

第二，高校对档案信息化管理建设的投入力度不大，导致软件硬件设施建设落后。由于高校对教学档案信息化管理建设不重视，其必然不会投入太多的人力、物力、财力，这使得高校档案信息化管理建设的队伍配备、基础设施与维护、信息资源的收集等都非常不充足，从而导致高校档案管理信息的软件与硬件更新速度慢而陈旧、重复建设时有发生、现有资源集中度不够、现有的从业人员现代技术技能掌握与运用能力低。

第三，高校档案信息化管理的安全保密问题与对外开放的矛盾，彰显了信息化的两面性。在高校档案管理信息化发展过程中，不时会处于两难境地，如公开信息资源与保护信息涉及的人、物的隐私权等，制约着高校档案管理信息化的快速发展。

第四，在制度和政策上，高校档案信息化管理的政策支持和协作机制明显不足，凸显高校档案信息化管理还存在一些问题。一方面，高校之间由于缺乏必要的协作机构和机制，高校档案信息化管理很难实现校际共享；另一方面，高校内部各种政策出台不够和各部门之间协作机制没有很好地运行，导致校内档案信息化管理资源共享机制也没有真正地建立与运行。

（三）高校档案标准化与信息化管理工作现状

随着计算机技术和网络技术在数字化校园建设中的广泛应用，档案的内容形式已不再是传统单一的纸质材料，档案形式逐渐复杂化、多样化。合理有效地利用新形势下的档案资源，使档案资源最大限度地发挥其优势，需要使用标准化、信息化的手段来加强新形势下档案的管理。

随着计算机技术、多媒体技术的广泛应用和办公自动化系统的普及，高校在各项工作中产生了大量的电子文件。档案的内容和形式已不再是局限于传统意义上的纸质材料，出现了移动硬盘、光盘、微缩胶片等新的存储介质，高校档案管理工作也正在由原来的纯手工操作逐步向计算机管理迈进。但由于没有一套统一的规范，各高校的管理方式不一，软硬件设施五花八门，软件之间互不兼容，难以实现资源共享。这些都对档案的信息化管理方式、标准化、规范化提出了新的挑战。

高校从档案人员、设备、库房等方面着手来加强档案的管理，多数高校都加大了档案管理标准化、信息化的步伐，并取得了一定的成绩。但由于档案的特殊性及各高校自身条件、领导的重视程度不同，各高校档案管理发展的状况也参差不齐，多数高校距离档案的标准化、信息化标准还有一定的差距，普遍呈现以下状况。

1. 对档案管理的标准化、信息化认识不全面

大部分高校对标准化、信息化并没有统一的认识。有的认为标准化是指档案内容和档案形态的标准化，档案内容规范，档案形态统一；有的认为标准化是信息化的前提和基础，是对档案在收集、整理、检索、管理等各方面制定的一套规范，各高校档案管理部门都参照此标准执行，以保证各档案馆及下属兼职档案管理部门的数据统一、设备兼容，达到科学有序的要求，以实现资源共享；还有一部分认为信息化就是使用档案管理软件保存档案目录信息，方便档案查询，有了档案管理软件，即实现了档案信息化。上述理解均是根据自身学校情况对于标准化、信息化的理解，具有一定的局限性。档案标准化是以档案工作领域中的重复性事物和概念为对象而制定或修订的各种标准的总称，它是档案工作中有关单位和个人应当遵守的共同准则和依据，具体包括档案内容和档案形态的标准化等方面的内容。档案信息化是指基于网络实现档案的收集、整理、检索等工作，加强电子档案的收集并逐步实现馆藏教学档案、文书档案及其他珍贵档案数字化。

2. 档案管理人员队伍的整体业务水平不高

坚持以人为本是科学发展观的要求，在推进档案管理工作的标准化、信息化进程中，档案管理人员的业务水平直接决定其发展水平。据调查，有些高校中，档案人员队伍建设普遍存在着专业人才匮乏、人员老化、能力水平有限、部门兼职档案员流动性大等问题，很难适应新形势下档案标准化、信息化管理的要求。新形势下对档案管理人员的要求是掌握计算机、档案、法律等专业知识的综合型人才及专门的档案管理研究人才。由于在我国设有档案管理专业的高校并不多，档案专业的人才培养已经无法满足社会的需要。多数高校很难招聘到专门的档案管理人员，多是从其他岗位调动过来从事档案管理工作，即使新招聘的档案管理人员也很少系统学习档案管理专业课程，掌握计算机技术及档案管理知识的复合型人才更是凤毛麟角。有的高校甚至没有专职的档案管理员，而是采用人员兼职聘任的方式，一人多岗。对于日益增多的档案，难免顾此失彼，更谈不上改进现有的档案管理方式。调查显示，高校各部门兼职档案员普遍存在流动性大的问题，虽然高校档案管理部门会定期对各部门兼职档案管理人员进行培训，但是频繁换人使部门兼职档案员对于档案工作不熟悉。这不仅增添了档案管理部门的负担，还造成部门档案归档不规范、收集不齐全、移交不及时等问题。

3. 部分高校软硬件设施亟待提高

目前，由于各高校对档案馆资金投入情况不同，各高校的软硬件条件也处于不同的层次。有的高校资金投入充足，不仅配备了专门的档案管理软件、服务器、打印机、扫描仪、数码相机、密集架等设备，扩建了库房面积，还划拨了专门的款项用于案卷的保护、维护及对各立卷部门的培训与奖励。但有的高校库房面积狭小，没有专门的除湿机、吸尘器、防盗柜、密集架等，远远达不到档案库房的要求。虽然各高校都配备了计算机，但是服务器、扫描仪、数码相机等硬件设施还远远达不到要求，个别高校甚至没有专门的档案管理软件，对于标准化、信息化的工作更是无法进行。

二、高校档案标准化、信息化管理发展进程的制约因素

制约高校档案标准化、信息化管理发展进程的因素归纳起来主要有以下几个方面。

（一）档案标准化、信息化管理未形成统一规范

教育厅、档案管理部门虽然提出了档案标准化、信息化管理的发展方向，但是并没有专门针对高校的档案管理提供一套标准、统一的规范，也没有提出标准化、信息化的确切定义和执行的方法，同时，档案标准化、信息化方面的法律法规也并不完善，这些都制约了其发展进程。

（二）管理存在漏洞

高校主管部门并未把档案的标准化、信息化列入建设数字化校园的发展格局中。因此，在资金、政策、技术、人力资源等方面对档案事业的支持力度还有待提高。最为严重的是不少人在观念上仍然认为档案管理部门只是从事简单资料的保管，查阅工作，平时没什么工作可做，因此，在人员调配上也难以提供高素质的综合型人才。

（三）资金投入不足

相对于高校的教学、科研、行政管理等部门，高校对于档案事业的投入明显不足。这已经成为高校档案软硬件设施难以达到标准的瓶颈。

对于“繁、重、杂”的档案工作，只有制定一套科学、合理、高效的集标准化与信息化于一体的档案管理体系，才能保证各高校、各部门档案内容形式相互统一、相互协调、相互衔接。

三、高校档案信息化管理建设的重要作用

高校档案信息来源于学校的各项活动，是全体教职员工、学生集体智慧的结晶，而且高校部分档案代表着相关学科研究的最新动态，高校档案作为原生性信息，其对高校的发展及国家经济建设都具有非常重要的意义。高校在快速发展过程中的档案数量越来越庞大，这使得档案信息管理的工作量也越来越大，在档案收集、整理及保存的整个过程中不仅涉及人员较多，而且信息容易出错，档案工作效率低下，档案信息质量也无法得以有效保障。将信息化技术引入高校档案管理工作中，加强高校档案信息化管理建设，不仅可以有效地降低高校档案管理的难度，而且能够进一步提高高校档案管理的质量，实现档案管理人员的科学调配。在当前高校档案信息化管理建设过程中，首先体现在档案载体上的变化，纸质载体加快了数字化的转化。

随着档案载体的变化，档案管理环境也发生了较大的变化，档案管理人员借助于计算机，有效地降低了档案管理的难度，实现了档案管理各环节的有效衔接，档案管理自动化程度大幅度提升，档案质量得以保障。而且高校档案信息化建设的开展，加快了档案管理信息化和网络化的实现，有效促进了高校档案信息资源共享的实现，为档案信息服务的高效性和便捷性提供了有效的途径，更充分发挥了高校档案信息的作用，实现了高校档案信息对社会进步和知识转化为生产力的引领作用，有利于推动社会和经济的快速发展。

第二节　高校档案信息化管理的途径

一、高校档案信息化管理建设中的利与弊

近年来，随着计算机技术和网络技术的迅速发展，信息技术已经渗透到人们的生活领域和工作领域。高校是人才、信息等资源共享的聚集地。高校信息化水平的迅速提高对高校档案管理工作也提出了新的挑战。高校档案信息化管理建设是高校档案管理部门面临的新课题。自教育部发布《关于加快推进教育系统政务信息化建设的通知》以来，全国各高校政务信息化建设迅速发展。高校档案管理部门紧跟高校档案信息化管理发展的步伐，取得了明显的成效，但是，在高校档案信息化管理的发展进程中也出现了诸多不足之处。

（一）档案信息化管理建设的重要意义

传统的高校档案，是一种完全封闭式的内部资源管理模式，只是原始简单地保管。随着高校教育事业的发展，高校档案数量急剧增加，内容也日渐丰富，各种档案载体也随之增加，因此迫切需要科学、高效的档案管理办法和工具。而高校档案信息化管理建设正是充分运用了现代化设备和自动化、网络化的管理方式，取代原有的手工管理，完成档案采集、储存、保管、检索、开发利用等工作。

1. 档案信息化管理建设有利于提高档案工作效率

随着档案信息化管理建设的实施、办公自动化的应用以及档案网络管理软件的运用，高校可以实现档案网上收集、移交、储存、查阅等，这就使得档案工作变得更为简便，为档案部门工作人员节省了部分时间和精力，能把更多的时间和精力用于档案资料的整理、数据统计、档案编研等工作，提高了工作效率，也避免了档案材料破坏、装订和因实体借阅造成的磨损。

2. 档案信息化管理便于查阅利用

档案信息化管理的网络服务给利用阅读档案创造了新的模式，即全新的超文本、超媒体阅读和自动化检索方式。高校通过档案信息化，能全天候为利用档案的师生服务，利用者通过互联网 24 小时可进入网站阅读档案信息。利用者从被动的利用档案变为主动的探索者和个性化的利用者。

3. 档案信息化管理建设有利于高校资源整合优化

高校档案对学校的教学科研和发展建设起着关键作用。信息资源共享已经是发展趋势，档案是信息资源中的一种特殊形式。档案信息化管理建设可以让各种散乱的信息资源实现最优化配置，并与高校办公自动化系统接轨，使得档案管理部门的信息与学校教务、科研、设备、财会等重要部门实现资源整合优化。档案信息化管理建设的本质要求就是建立一个丰富完整的档案信息资源库，并做好相应的数据库维护工作，通过跨行业、跨地区、跨部门的计算机网络，档案信息资源与其他信息资源一起构成综合的网络信息资源，从而实现高校信息资源库的整合优化，达到共享的目的。

（二）档案信息化管理建设中出现的弊端及对策

全国大部分高校都已经启动了档案信息化管理建设工作，然而在各高校进行档案信息化管理建设的工作中也逐渐显露出了一些弊端。

1. 档案信息数字化后的安全保存问题

大量纸质档案通过扫描上传到档案管理软件，传统档案保护与管理手段已无法确保这些档案信息的完整与安全。个别档案利用者可直接通过复制与原始档案一致的内容，进行篡改，也可将电子文件上的签名、印章修改。由于纸质档案材料转化为电子文件后是保存在磁盘、硬盘、光盘等介质上，而这些介质一旦出现损坏，就意味着所有的电子档案信息都会遗失。而磁盘硬盘的保存条件和环境要求是很高的。因此对于软盘、磁盘、硬盘等的保护要做到：购买统一规格的磁盘、硬盘，确保质量；保证它们的存放环境，注意存放的空间和温湿度的控制，温度为 14℃～ 20℃，湿度为 40% ～ 50% 内；定期每两年把原有的磁盘、硬盘、光盘上的材料转储一次，作为档案信息的备份。

除了档案信息资源的保存问题，还存在档案信息的网络安全问题。档案信息网络的安全受到载体损害、设备故障或破坏、操作失误、程序缺陷、病毒、网上窃听与篡改、黑客攻击、技术淘汰等众多因素的威胁。一旦出现以上情况，档案信息数据库会出现遗失、错乱，甚至会导致档案信息外泄等情况发生。高校应该采取有效措施对数字化档案资源进行安全管理和维护，要做到：有效地应用身份认证、文件加密、权限控制、安全审计、病毒防护、防火墙、安全备份等安全技术，确保档案信息资源的安全、有效和网络系统正常运行。

2. 档案信息化管理建设的投入成本大于利用价值

高校档案信息化管理建设的前期需要投入大量资金购买设备，如高校档案管理软件系统、计算机、扫描仪、大量磁盘硬盘、交换机、服务器。在信息化管理建设前期需要投入大量的人力来进行档案信息数字化建设，而在信息化管理建设后期也会遇到档案管理设备老化及更换的问题，这些都需要高校对档案部门投入大量的人力和物力。而在近几年里，为了实现档案的信息化管理，高校盲目进行投入和建设，使得档案信息化管理建设的投入和档案利用价值出现反比例现象，即档案信息化管理建设投入成本大于档案利用率，档案资源被浪费。所以各高校在档案信息化管理建设过程中，不能盲目地投入和建设，要认真结合本校实际情况以及档案服务对象的特点，按轻重缓急、先易后难的方式，开展档案信息化管理建设的工作，避免造成人力、物力、财力的浪费。

3. 档案信息化管理缺乏统一的标准规范

高校在档案信息化管理建设中出现了缺乏相关标准规范和支撑的问题：许多高校出现了档案信息化管理建设中各自为政、标准不一的局面，只能自我摸索、自我完善、自我发展，处于独立开发与封闭自我建设的模式。而档案信息化管理建设作为一项复杂的社会工程，涉及项目管理、技术应用和业务运行等方面，如缺少标准来规范，整个工作如一盘散沙。在建设高校档案信息化的过程中，应借助于各种规范及标准的制定和落实，为分工协作提供依据及标准。高校的档案管理部门应立足于档案信息化管理建设，并根据国内标准及行业发展趋势，制定出统一的信息化管理建设标准，以有效推进档案信息化管理建设。

4. 档案管理人员业务水平偏低

档案管理工作是一项专业性很强的工作，高校档案信息化管理建设更要求管理人员具有较高的知识层次和先进的技术水平。然而目前多数高校尚未形成素质优良、结构合理、科学高效的档案管理队伍，档案人员的数量和质量还不符合档案信息化的要求。很多高校的档案部门工作人员年龄结构偏高、学历结构和职称结构偏低是普遍存在的现象，缺乏相应的专业技术人才，特别是具备档案管理和现代化科学技术的人才。所以很多档案管理人员在高校档案信息化管理建设的工作中，感到力不从心，影响了档案信息化管理的进程。高校档案信息化管理要建设档案人才管理体系，这是实现高校档案信息化管理建设的保证。因此要做到：重视高校档案队伍的素质建设；必须积极引进档案管理专业人才和计算机专业人才；加强档案信息化知识的培训工作，在档案管理人员中大力推广和普及档案信息化知识，通过专题讲座、实际操作、参观学习等形式使档案管理人员掌握档案信息化知识。加强高校档案信息化管理建设是高校档案事业适应时代和社会发展的必然选择，档案信息化管理建设也是一项长期而艰巨的任务，各高校一定要从本单位实际情况出发，认清档案信息化建设的利与弊，并要积极做到趋其利避其弊，实现高校档案信息化管理工作的跨越。

计算机在各领域的广泛应用及无纸化办公的普及，对传统档案管理工作模式提出了新的要求。随着信息技术的不断发展更新，高校档案信息化管理建设成为档案工作改革和发展的必然趋势。高校档案信息化管理建设的主要目标就是迎合时代发展的需求，它属于一项系统性的建设工程。然而在高校档案信息化管理建设过程中也出现了不少问题，从而导致高校档案信息化管理的建设进程缓慢。

二、高校档案信息化管理建设的途径及其模式

（一）高校档案信息化管理建设途径

近些年来，随着科技的迅猛发展，信息化浪潮随之被掀起，极大地推动了

社会传播方式、生活方式以及生产方式的改变。档案作为记载人类历史文明发展进程以及承载信息特质的重要载体，彻底打破了传统的管理方式，开始向着数字化方向发展。在信息化社会的大环境中，高校逐渐形成了声像档案、电子文档等，但是高校档案信息化管理无法满足日趋增长的利用需求。所以高校应对档案信息化管理建设高度重视，不仅要使档案为高校的运转服务，还应使档案为社会提供信息，从而进一步推进高校档案信息化管理建设的发展。高校档案信息化管理建设的有效途径主要有下列三个。

1. 强化组织领导机构建设

现阶段高校档案管理部门的一项重点工作就是加强教学档案信息化管理建设。在建设教学档案信息化管理的过程中，高校应当切实地认识到电子政务建设中教学档案信息化管理建设的作用及地位，主动地将高校办公自动化与教学档案信息化管理建设有机地结合起来，统一规划及加强领导，同时将教学档案信息化管理建设与办公自动化稳步推进，并使其能够协调发展。高校档案馆应当将信息化管理建设领导机构构建起来，对分管领导应加以明确，将档案信息化管理建设的专人负责或者专门机构负责制贯彻落实。同时，还应加强与其他高校的信息沟通及交流，对其电子文件归档及档案数字化情况及时加以了解。另外，还应当在档案目标管理、档案工作评估、档案年检、档案检查的考核中纳入教学档案信息化管理建设的内容，定期地展开检查及评估。

2. 推进高校档案信息化管理队伍建设

通常教学档案信息化管理建设离不开现代化信息技术的方法、观念、设备、技术对档案管理模式、管理流程的重新定位及重新整合，所以高校档案管理者在档案信息化管理建设中的角色便发生了变化。高校档案管理者不再仅仅是简单的档案组织者，并且还是信息利用导航者，信息传播与提供者，信息资源组织、分析及管理者。因此，为了与高校档案信息化管理建设的迫切需求相适应，应当积极引进计算机专业人才及档案管理专业人才，借助于人才流动和人才培养等多种方式，促进档案人才结构的优化，构建起一支综合实力强、专业素质好的研究型、管理型、服务型、技术型有机结合的创新团队，从而为高校档案信息化管理建设提供可靠的保障。

3. 提高高校档案信息化管理建设标准

在当前的信息化管理建设中，网络的沟通及信息的共享更加需要统一的规范和统一的标准。一方面，教学行政主管部门应当立足于档案信息化管理建设的现状，强化统一指导和统一协调，组织力量对档案信息化管理建设加以研究，制定出统一的信息化管理建设规划，协调行动，统一思想；另一方面，高校应当改变、彻底打破教学档案信息化管理建设中各自为政、标准不一的散乱局面，调整信息化管理规范标准建设、应用软件开发与信息资源建设等自成体系的不良状态。高校档案信息化管理的发展及应用需要政策法规的大力支持，因此，应当尽快地加以完善及发展。

（二）高校档案信息化管理建设模式

1. 档案管理信息化模式

高校档案信息化管理建设的推动力量就是信息技术，正是因为信息技术始终处在不断更新变化中，因而需要不断地动态调整档案信息化管理水平。高校档案信息化管理基础设施建设是至关重要的，直接关系到整体的档案信息化管理建设水平。详细来讲，高校档案信息化管理建设的基础设施所包括的主要是计算机、路由器、存储器、交换机、服务器、信息安全系统、操作系统以及数据库管理系统等。整体规划档案信息化管理基础设施建设包括信息化管理建设的网络及硬件平台，可以说网络是信息化管理建设的基础，而软件则是信息化管理建设的关键。

2. 档案信息数字化模式

从总体来看，高校档案信息化管理建设是传统档案管理向档案信息管理的重要变革，是以转变观念为基础的档案工作革新。档案信息化管理建设对档案工作的挑战并非是设备或者技术，而是人的意识和观念。随着数字技术的迅速发展，数字化工作流程便成为高校档案信息化管理建设的组成部分。

首先，构建信息档案数据库。在数据库中录入馆藏档案的文件，利用现代化的传输设备，如数码相机和扫描仪，将原文件信息数字化。

其次，档案信息数据库要切实达到质量标准。具体而言，档案信息数据库的质量标准为数据内容的完整性、数据的稳定性、数据的准确性及数据的规范性。

最后，转换档案信息数字化。对于易受损的、珍贵的、重要的、利用频率高的以及利用面广的纸质档案，应当有步骤、有计划地将档案数字化处理。馆藏纸质档案并非只是简单地进行数字化转换，而是有选择地分类展开。

高校档案信息化管理建设是一项长期性的重要任务，涉及诸多内容，不仅包括有序整理档案信息资源、建设档案信息数据库和建设档案信息网络，还包括开发利用档案信息资源及建设档案信息化人才队伍等，是尤为庞大的一个系统性工程，对传统模式的更新及档案工作理念的变革带来了极大挑战。所以高校应积极探寻档案信息化管理建设的模式，采取科学可行的建设手段，从而进一步推进高校档案信息化管理水平的提升。

三、实现高校档案信息化管理的基本措施

信息时代的到来及现代技术的应用，必然为高校档案工作的发展注入新的活力和生机。而制约高校档案信息化管理的因素，既有传统保守的思想因素，也有技术应用及管理水平的因素。因此，为了适应新时期高校改革发展的需要，教学档案管理部门要进一步强化教学档案的信息化管理水平，重视管理人员队伍的培训，不断增强管理者的社会服务意识，提高教学档案利用效率，为高校的发展提供有力的保障。

（一）要转变思想观念，加大宣传力度以争取领导支持

高校档案信息化管理不仅需要现代化的信息技术，更重要的是教学档案管理部门和管理者要树立现代管理思想和管理理念。在教学档案管理过程中，要运用现代化的信息管理技术和管理手段。然而，众所周知，用现代信息技术取代传统的手工操作是一个日积月累、循序渐进的过程，绝非一朝一夕的事情，而在这个改变的过程中更需要一个现代管理思想和管理理念来指引。因此，在目前高校档案管理的过程中，转变落后的思想观念尤为重要。

当然，在转变思想观念时，教学档案工作者并非要全盘抛弃已往的思想观念，而是在坚持优良的传统教学档案管理方式和管理理念的同时，要敢于引进现代档案管理思想和管理理念。只有圆满地实现了现代信息技术与先进管理理念在教学文件、教学档案管理领域的合理契合，教学档案信息化管理才可能实现，高校档案工作才能更好地适应新时期的要求。

另外，高校档案工作者在转变思想观念的同时，还要加强对教学档案的宣传力度，提高全校师生的档案意识，尤其是要借宣传之机，转变一些领导“重教学轻档案”的观念。在宣传之际，要适时地将教学档案信息化管理工作的进展情况和在教学档案信化管理过程中遇到的问题及时地向领导汇报，争取领导在政策和经费上的大力支持，为推动教学档案信息化管理奠定基础。

（二）高校档案管理的标准化和规范化建设

目前，高校档案的管理思想、管理手段和管理办法等方面存在着许多问题，

这些问题制约着高校档案信息化管理的发展。为了促进高校档案信息化管理，实现教学档案信息的最大社会效益，高校档案管理部门必须加强教学档案管理的标准化和规范化建设。作为档案事业系统中的一部分，要将高校档案管理纳入整个档案事业系统中去，接受国家档案管理标准化和规范化的宏观指导。因此，国家档案管理标准化和规范化的要求对高校档案管理具有同样的指导作用。

四、信息化环境下高校档案管理研究

（一）信息化环境下高校档案管理文献统计与梳理

我国对高校档案信息化的研究始于 2002 年，但在前两年并未引起重视。2009 年以后高校档案信息化才开始成为档案管理及信息化领域的研究热点。这一现象的出现实质上与我国当时对档案信息化建设路径的探索及相关政策的支持相吻合：1996 年我国开始探索信息化建设，电子文件项目被列入科技计划，成为我国信息化建设的一部分；1999 年《电子文件归档与归档电子文件管理规范》初次下发后，我国各级档案管理部门逐步进入档案信息化建设的研究与实践阶段；2008 年国家提出全国档案信息化建设的目标和主要任务，档案信息化自此在全国范围内先后开展。政策的出台与践行往往需要高校作为主要推动力量，高校档案信息化研究随之展开。

目前关于高校档案信息化的研究主要集中在对高校档案管理的现状分析及改善对策的提出、高校档案信息化建设的规划及高校档案信息化管理等几方面。其中高校档案信息化管理方面的论文数量最多，占精选论文总数的 37.7%；高校档案信息化建设、高校档案管理的现状分析及改善对策方面的文章数量大致相当，分别占到 23.7% 和 24.6%；网络技术应用及新模式方面的研究数量较少，分别占到 8.7% 和 5.3%。

（二）信息化环境下高校档案管理研究热点分析

1. 云技术、数据库等在教学档案管理中的应用

近年来，档案界学者在结合传统档案管理要点的同时将网络环境下的新技术运用到电子档案管理领域，从而对在网络环境下产生的电子档案进行管理。陈锋、孙淼洋提出，实现高校档案信息化管理的主要途径是创建覆盖全校的档案管理信息系统，对教学科研中产生的各种类型的教学档案进行统一集中化管理，如利用软件数据中间件技术实现各部门产生的教学档案的收集归档等。云技术、数据仓储技术等在教学档案管理过程中的方便操作性，使得后续情报分

析、数据挖掘、知识发现以及教学档案信息共享等的实现具有优势，同时还能有效避免由于工作交接、科室合并、设备更新等给教学档案管理带来的各种麻烦。张兆基认为，在云计算环境下教学档案的管理主要依托校园网及各部门服务器建立学校层面的平台，教学档案办公室利用该云计算平台提供的教学档案管理系统、电子文件中心系统软件和存储平台实施数据上传、读取等档案管理功能。例如，教师可以将涉及课程每一个环节的教学档案信息同步更新上传至数据云，实现各个环节教学档案的实时更新，学生也可以通过更新自己课程的数据云，掌握课程动态，反馈课程感受。这种云计算技术可以将分散的教学档案以更集中化、细节化、数据化的信息库形式展现出来，从而为教学活动提供准确翔实的信息。

2. 高校档案信息化管理的研究现状

（1）高校档案信息化管理建设方面

相关研究表明，高校应从收集档案、搭建档案信息化管理平台、制定相关规章制度、培养档案管理专业人才、构建信息安全保障体系等多个基础角度开展高校档案管理的信息化工作。李娟等学者通过对教学档案管理系统的研究，总结了该系统的运行流程，即将学生所有档案信息先导入档案馆临时数据库中，经组卷后再纳入档案馆正式数据库中，将该数据库与学校各部门的教学资源信息库无缝对接，档案用户即可通过学生基本信息查询、利用档案。

（2）高校档案信息化管理现状及对策方面

如今高校档案信息化管理的研究人员主要来自从事高校教学管理的一线工作人员，因此他们对教学档案管理中存在的问题把握得比较准确。总结现有研究的观点，教学档案信息化管理建设目前存在的主要问题包括对教学档案重要性的认识不足，对教学档案的收集不及时、整理不规范，人员素质不高以及教学档案信息化管理网络安全问题等。相关学者针对这些问题提出了相应的解决对策。解决方案基本涵盖了教学档案信息化管理建设的各方面，但对于如何具体展开教学档案信息化管理建设，如各类教学档案数据库建设的标准、构建方式及教学档案信息化管理平台设计与构建等实践层面的具体研究，目前涉及尚浅。

（3）网络技术应用以及教学档案信息化管理建设新模式方面

网络技术如云技术、数据仓储技术、数据库技术等的应用将高校档案管理推向一个新高度。现有研究表明，有序的电子教学档案不仅能够服务于教学科研工作，其体现出的计算机应用水平也是高校整体信息化管理水平的代表。因此构建数字化档案系统、进行教学档案种类多样化管理、全面使用信息化技术已成为实现高校档案管理工作科学有效发展的必经之路。

（4）教学档案信息化管理制约因素方面

教学档案信息化管理一直备受高校档案管理人员的关注。我国学者从高校档案信息化管理的现状出发，剖析制约教学档案信息化管理的因素，提出了从计算机硬件配备、软件应用、档案信息资源建设和人员素质四个角度进行系统化教学档案管理的方案。这些研究表明，高校档案管理工作是衡量高校教学质量与管理水平的重要标准，只有加强教学档案信息化管理的建设，才能有效促进高校档案管理工作的稳定和可持续发展。

互联网时代信息因技术不断升级，传播速度更快，范围更广，云技术在很大程度上可以适应这一变化，因此教学档案管理与云技术相结合是未来教学档案管理的必然趋势。手机、平板电脑等多种移动终端设备的普遍化，使得信息和知识的传递与获取更加便捷，高校学生、科研人员也可以利用各种移动终端以及可穿戴设备，通过云端更为方便地访问高校档案管理系统，提高档案的利用率，从而推动教学档案信息服务形式由被动向主动服务转型。但现阶段网络技术在高校档案信息化管理中的应用、在高校档案信息化管理新模式建设方面的研究还比较薄弱，因此未来可聚焦于新兴网络技术与教学档案管理相结合，开发教学档案管理的新模式，从而在新技术环境下推进教学档案管理的信息化建设。

第三节　高校档案信息化管理的创新策略

一、挑战对策

进入 21 世纪以后，人类社会的发展模式发生了巨大的转变，信息技术、网络技术以及数字技术成为时代发展的主流。在高校档案管理工作中，实现信息化管理也成为高校档案管理不断努力与探索的方向。但是从目前的情况来看，高校档案管理的信息化建设，仍然处于起步阶段，仍然有许多问题需要解决，这就要求管理者对档案管理的信息建设问题进行更加系统而周密的分析，尽快找到有效的建设对策，以期为高校档案管理水平的进一步提高提供支持。

1. 高校档案信息化管理面临的挑战

（1）资金投入较大、筹集较为困难

资金筹集困难已经成为现代高校档案信息化管理的一大难题。高校要想做好信息化管理建设工作，首先就应该购置相应的计算机、打印机、扫描仪等信息化设备。同时，还需要相应的网络系统以及安全系统作为支持，这些都需要大量的经费投入。另外，电子产品更新换代较快，生命周期也较短，后续的维修、更换以及升级费用都比较高，这些也都需要进行长期不间断的投入。

（2）建设任务重，见效难

档案信息化管理过程中，需要对现在档案资料进行录入整理，通过扫描等手段来将各类文书、音像、照片、书籍等载体转换为电子文档；还需要按照要求利用文档处理软件将各类数据进行整理规范，以方便使用者进行检索。另外，信息化管理也需要为客户提供网上资源共享平台，做好远程信息服务工作，以及网络安全等工作，这些工作不仅工作量大，而且对工作质量的要求也较高，要想全面做好这些工作必然需要经历长期的系统建设与完善，如果在经费、技术及人员等方面无法保障，则很难看到明显的成效。

（3）管理队伍要求高，人才吸收难

档案信息化管理建设对档案人员的思想观念、专业技能以及计算机操作水平等都提出了更高的要求。档案管理人员不仅需要熟练地操作计算机，也需要具有较高的信息判断及运用能力，同时又需要精通与档案相关的业务知识。但是受传统高校档案管理用人制度的影响，档案管理人员的待遇较低，岗位管理松散，很难吸引并留住优秀的管理人才，这直接导致档案管理部门出现人员老化、工作方法老套、缺乏创新精神等问题。

（4）环境变化快，服务方式转变难

以往的高校档案管理部门工作观念比较落后，再加上高校档案管理部门也不存在什么竞争压力，所以管理人员普遍存在应变能力差、缺乏竞争意识的问题。在实现档案信息化管理后，档案管理的服务范围更加广泛，服务方式也更加透明公开，这要求档案管理部门及时更新服务理念，转变工作态度与方式，不断拓宽业务领域，提升服务质量，以保证档案信息化管理工作的整体水平。这一点对长期从事传统档案管理工作的人员来说，无疑是一种挑战。

2. 高校档案信息化管理的有效对策

（1）加强档案信息化管理的基础设施

高校应该将档案信息化管理建设纳入总体发展规划当中，在投入资金及政策方面做好保障，进一步加强档案信息化管理的基础设施建设。提高档案管理部门及人员的计算机及网络技术应用水平，以充分发挥档案信息化管理系统的功能及作用。另外，高校还应该加强内部局域网的建设，实现档案管理系统与其他办公网络的对接，以实现各单位及部门向高校档案管理部门的远程归档工作，推进档案管理的数字化进程。

（2）创新档案信息化的管理制度

对档案管理制度进行创新，是保障档案信息化管理建设的根本。高校应该根据自身发展与建设的需要，对内部、外部关系进行重新调整，同时对上级与下级的关系、部门与部门之间的关系也应进行重新调整，以保证信息化的档案管理制度体系能够成为高校管理工作的重要组成部分。高校档案管理部门应利用制度来规范及约束高校档案管理的方式及工程流程，使档案管理工作成为高校其他工程的有力支撑。另外，高校档案管理部门还应加强对网络信息安全及保密工作的研究，进一步提升档案管理系统的安全系数。

（3）创新管理理念，提升服务质量

高校档案的信息化管理，必须充分结合自身的发展需要，积极借鉴国内外的先进管理技术与管理理念，但是要切忌死搬硬套、缺乏创新。档案管理的信息化建设应避免重复建设，也不能只重视档案管理系统软件与服务器的建设，而要结合自身的档案工作实际情况，同时还要兼顾信息技术发展与更新的趋势，对档案管理的信息化进行创新管理。另外，高校还应进一步加大档案管理软件的应用宣传，提高档案信息化技术的应用及管理水平，为实现档案资源的信息共享创造有利条件，为全面提升档案信息化管理的服务质量提供保障。

（4）强化档案管理队伍建设

相对于其他工作来说，档案管理工作比较枯燥，无法激发工作人员的热情。在档案信息化管理建设过程中，高校必须注重对档案管理工作的重视，采取积极有效的措施来稳定档案管理队伍。高校不仅要做好管理队伍的思想政治教育工作，还要在工作条件及待遇方面给予适当的照顾，使档案管理人员的工作热情得以激发。另外，高校还应该做好相关人员的业务培训工作，从档案管理知识及信息技术等方面入手，有计划、有目的地培养一些既懂得档案管理，又能够灵活运用计算机及网络技术的复合型人才。高校可以有组织地吸收和培养一些业务骨干，利用这些骨干的模范带头作用，来挖掘档案管理队伍的工作潜能，全面提升高校档案管理的整体水平。

档案管理的信息化，可有效发挥计算机及网络的技术功能，通过档案管理软硬件、档案数据库等管理系统的建设来实现档案录入、文件保存与应用，实现档案资源的共享。总之，高校实现档案的信息化管理，不仅改善了以往档案管理效率低以及档案资源利用不充分、不及时的问题，也提升了高校档案管理的服务质量。这对高校各项工作的改革与发展具有重要意义。

二、推进高校档案信息化管理创新发展的策略

（一）树立科学的档案信息化建设理念

高校在当前档案信息化管理建设中，需要以人们对高校档案信息化管理建设的价值诉求为基础，并与档案发展规律相结合，从而树立开放性、多元化和社会化的档案信息化管理建设理念。在多元视角下推进高校档案信息化管理建设的系统化发展，实现高校档案信息数据在校园内的有效共享，促进高校档案信息化管理建设的可持续发展。

（二）夯实高校档案信息化管理的业务基础

档案信息化管理建设由档案本身的各个环节和各个要素的信息化管理建设来支撑，这就要求高校在推动档案信息化管理建设时，既要加强档案信息化管理的各类基础设施建设，又要提高档案信息化管理建设的规范化和数字化水平，提升高校档案信息化管理的网络建设质量。要想做好档案信息化数据库建设，还应将大量精力投放至资料编研上来，将看似杂乱无关联的档案提炼出对学校发展有益的精华，定期对档案进行鉴定销毁、去杂存精，以此为档案信息化管理建设的推进提供坚实有力的档案工作基础保障。

（三）完善档案信息资源管理标准

国家档案行政管理部门应进一步完善档案信息化管理建设体系的标准化程度，使之能够更加规范。高校档案管理部门应按照国家档案信息资源管理建设的相关标准来制定适合高校使用的编码标准以及数据传递标准，并且立足于校园网，使档案管理系统能够连接校内的教学、人力资源等管理系统，让档案管理部门能够借助于高校的官网汇聚各个系统产生的相关数据，并形成全校数字化档案信息资源的网络共享，使得档案信息化管理获得高效的应用。另外，档案管理部门也能够在档案管理系统当中设置访问权限，让档案管理者与档案查询者都有各自不同的访问权限，这样有助于加强电子档案分类保管的保密性，从而规避了涉密电子档案出现泄密的情况，能够使得电子档案的存储与管理更加安全。

（四）提升数字档案信息的安全性

在当前高校档案信息化管理建设过程中，数字档案信息的安全性问题需要给予特别关注。通常情况下，档案使用者只关注数字档案信息使用上的便捷性，但对档案信息的长期性保存则不重视。因此作为档案管理人员，需要努力提高自身的信息化技术水平，充分运用先进的存储方式来对所有数字信息资料进行备份存储，有效保证档案信息的安全。同时还要做好网络计算机病毒和网络黑客的入侵行为，不仅要强化网络环境的安全管理，还要进一步完善相关管理制度，养成良好的计算机应用习惯，有效防范各种网络恶意攻击和病毒感染，可以通过多重设密、备份应用系统、限制访问权限等来提升数字档案信息的安全性。

（五）拓宽档案信息化服务的覆盖面与惠及范围

在当前高校档案信息化管理建设中，需要不断对其价值功能进行拓展，即通过发展高校档案信息服务师生和服务社会的功能体系，来进一步拓展高校档案管理工作的发展空间。因此在当前高校档案信息化管理建设过程中，需要充分考虑广大师生学习和发展的需求，并进一步将档案发展与师生发展、服务大众等进行有效结合，进一步拓展教学档案信息化管理建设的文化功能与教育功能，增加档案信息的知识性和趣味性，努力拓展档案信息服务的覆盖面，使高校档案信息化管理建设的场域不断扩大，从而使高校档案信息能够更好地服务于高校师生以及高校教育事业的发展。

第六章 高校信息资源安全管理

第一节 高校信息资源安全概述

随着高校信息化的发展，电子数据已经成为教学、科研及日常管理中信息储存和显示的主要形式。高校信息资源安全管理是指，针对普遍存在的信息资源安全问题，利用各种技术方法和组织手段进行的有计划的管理活动。

信息资源安全管理的观念和意识是随着高校信息化的不断发展而深化的。本质上，信息资源安全与信息的利用和权属相关，信息资源安全问题是指信息可用性和权属受到威胁。使信息资源免受威胁的方法和措施称为信息安全技术，信息在开发利用过程中面临的问题如下。

一是可用性。保证合法用户对信息的使用不会被不正当地拒绝。换言之，对有权限者，什么时候都可用。这里，信息资源可以是公有的也可以是私有的。

二是保密性，也称机密性。保证机密信息不被窃取，或窃取者不能了解信息的真实含义。显然这里的信息是私有信息（组织或个人），由权属（所有权或使用权）支配。

三是认证性，也称真实性。对信息的来源进行判断（身份认证），能对伪造来源的信息予以鉴别。

四是一致性，也称完整性。保证信息是一致或完整的，即信息在生成和使用全过程中，内容不被非法用户篡改（信息内容认证）。

针对上述四点，信息资源安全管理的主要任务如下。

第一，采取技术和管理措施，保证信息资源可用，即使信息和信息系统在任何时候可被合法用户使用。这一任务主要应对由突发事件（如自然灾害、偶发事件等）、人为攻击（如非法访问、黑客、计算机病毒等）等导致的信息系统瘫痪和信息不可用的问题，包括实体（如房屋、设施等）安全保护、信息系统安全保护（如硬件、软件维护等）。同时，这一任务也防止非法者入侵、盗用或破坏信息资源，包括各类系统访问控制技术、阻隔技术等。

第二，采用数据加密技术，使信息在其处理过程（存储或传递）中，内容不被非法者获得，即在没有密钥情况下，得到加密的信息无法被破译。

第三，建立有效的责任机制，防止用户否认其行为。例如，通过数字签名等手段实现信息源（身份）和信息内容正确性（一致性）认证，即抗抵赖性，为无痕迹的电子操作导致否认、伪造、篡改或破坏等提供甄别手段。

第四，建立可审查的机制，实现责任追究性，能追踪资源什么时候被用、谁用、怎么用（如系统日志等）。值得指出的是，信息资源安全管理本质上属于风险管理范畴，即为了最大限度地降低可能带来的损害而进行的管理活动，只有在出现问题的时候才能真正体现其价值。同时，安全问题和对应的安全防护措施是存在等级的，不同等级的安全问题，其影响（或不安全所带来的灾难后果）有轻有重，满足安全管理要求的措施也有强有弱，其投入也就有大有小。很明显，像银行、电信、能源等涉及面广、影响重大的要害部门，面临的信息资源安全问题重大，需要采取高等级的安全管理措施和手段，安全管理的投入也大。而对高校的网络中心来说，所面临的信息资源安全问题的等级相对较低，不必像美国金融服务公司摩根士丹利那样建立灾备中心进行安全管理，只需采取简单的异地备份策略等，就可满足其安全管理需要。现在，越来越多的组织在其信息化建设中，把信息资源安全管理纳入信息化规划之中。下面两节重点从信息安全技术的角度，讨论信息资源安全管理所面临的具体问题，以及解决问题所用的手段与方法。

第二节　高校信息资源安全的系统管理

由于不安全的因素各不相同，信息资源安全问题呈现的形式是多样的，有实体破坏、黑客攻击、违法行为、病毒侵入等。就一个具体的社会组织而言，这些不安全的因素和行为都存在。所以，组织的信息资源安全管理是一项典型的系统工程，应该用层次的方法把可能面临的信息资源安全问题和因素，按一定逻辑加以梳理、归纳和分类，以便系统地把握它。同时，现代的信息资源管理强调信息、信息生产者和信息技术密不可分，三者都集成于组织的信息系统之中，所以从信息系统安全的角度认识一个组织的信息资源安全管理问题是适宜的。为此，人们提出了多种信息系统安全（层次）模型。本节在介绍一个信息系统安全七层模型的基础上，从非技术（行为规范、实体安全）和技术（网络安全、软件安全和数据安全）两个层面，对信息资源安全所面临的问题和技术管理措施分别进行讨论。

一、信息系统安全模型

类似于描述网络系统架构 ISO 的七层模型，把信息系统安全问题归纳在一个七层模型中。它适用于解释任何基于计算机网络的信息系统安全问题——国家的、高校的或个人的信息系统安全问题。不难看出，各层之间相互依赖，下层向上层提供支持，上层依赖下层完善，最终实现数据信息的安全。下面从“行为规范”“实体安全”“技术安全”三个角度，依次说明信息资源安全问题及管理措施。

（一）第 1、2 层——行为规范管理

新的网络文化、日益严重的计算机犯罪、信息资源开发利用中存在的各种非理性行为（如各类侵权行为等），促使国家通过制定法律、规程、政策来规范和约束人们的思想和行为，将信息安全纳入规范化、法制化和科学化的轨道，如《中华人民共和国著作权法》《中华人民共和国电子签名法》等。在国家法规政策的指导下，各高校应针对自身具体情况，进行信息资源安全策略规划，设立相应机制，进行人员的安全教育与培训，并制定安全管理制度或管理细则以规范组织内人员的行为，如《××机房管理条例》《××信息系统安全管理办法》等。第 1、2 层主要是从法规和制度上规定教职工、学生对信息系统安全所应承担的义务和责任，即规范和指导人的思想行为。

（二）第 3、4 层——实体安全管理

在现实世界中，存在着对信息系统所涉及的硬件及相关物理实体（如机房及其环境）的各种各样的威胁，包括自然灾难（如水灾、火灾、雷击、地震等）、人为攻击（如偷盗、更换、破坏等）、环境影响（如灰尘、静电、电磁干扰等）、设备故障等。第 3、4 层主要用各种物理手段和管理手段（非技术的），解决信息系统硬件及其环境的防灾、防盗和防 UPS 安全问题，包括对自然灾害（如火、水等）、人为活动（如偷盗、破坏等）、硬件损害（如断电 UPS、静电、电磁干扰等）等的预防工作。它们是信息系统可用性不可缺少的基础和保障。

（三）第 5、6、7 层——技术安全管理

除了上述非技术层面的安全管理外，信息资源安全管理更多地从技术的角度，利用各种信息安全技术，解决信息资源（网络、软件、信息等资源）的可用性、保密性、认证性、一致性等安全管理问题。技术安全管理包括通信网络、软件系统和数据信息等层面的安全管理，以保证信息系统安全工作，最终实现信息的有效开发利用。它们是信息系统安全管理的关键，是信息安全技术的核心。

二、行为规范管理

信息系统安全的行为规范管理包括国家和学校两个层面。国家根据社会发展特别是国家信息化发展的需要，逐步建立和完善信息安全的政策、法律和法规体系，对信息过程中的各种行为（如信息获取、信息传输、信息加工、信息发布、信息利用等）加以规范，即从法律和行政管理（政策、规程）的角度，约束和指导信息资源开发利用行为，以保证国家、组织和公民的信息权益，进而保护国家主权和利益不受侵犯。

高校在国家政策和法规指导下，制订信息资源安全管理策略，从整体上把握信息资源开发利用和安全管理的平衡点，设置保护对象的安全优先级，提出信息系统的安全目标，以及实现这些安全目标所运用的手段和采取的途径。

制订安全策略的步骤如下。

①深入分析高校内部组织业务特征。发现并分析所处的风险环境，并在此基础上提出合理的与组织目标相一致的安全保障措施，制订出技术与管理相结合的控制方法。

②建立安全管理组织机制。要想制订好的信息资源安全策略，网络信息中心必须与校级领导进行有效沟通，并得到领导的支持与承诺。为此，最好成立由校级主要领导、安全技术人员、部门相关人员等组成的工作组，来具体完成安全策略编制工作。

③确定信息资源安全的整体目标。描述信息资源安全的需求和预期达到的效果。

④确定安全策略的范围。根据实际情况确定信息资源安全策略涉及的范围和控制管理内容。

⑤安全策略评估。通过专家评估、用户测试等方法，对安全策略的完备性、可用性进行评审，以确定其是否达到所需要的安全目标。

⑥安全策略评估通过后，由校领导正式批准发布实施。信息资源安全策略

的内容，从宏观的角度反映整体上的安全思想与观念，由学校的领导层负责制订，具有战略指导意义，是一切具体的安全管理工作的基础。安全策略制订要兼顾内容上的可理解性、技术上的可实现性和实际操作的可执行性，它应该是简明的、原则的、可审核的、可行的、文档化的、动态的。

在学校信息资源安全策略指导下，高校应建立相应的安全管理的组织机制，制订安全管理细则，对校内人员进行关于职业道德、法律法规、安全保密和安全管理等内容的教育和培训。

三、实体安全管理

实体安全主要涉及信息系统的硬件及其运行环境，其安全与否对网络、软件、数据等的安全有着重要的影响。下面针对场地环境、硬件、介质等各类实体的安全威胁，讨论实体安全管理应采取的各种防护策略。

（一）场地环境安全

①存放计算机、网络硬件设备的机房等信息系统的中心区域，应该：选择远离存放易燃、易爆、易腐蚀物品的地方；远离有害气体源；远离强的动力设备和机械；避开高压线、雷达站、无线电发射台和微波中继线路；远离强振动源和噪声源；具备较好的防风、防火、防水、防震及防雷击的条件。

②机房内空调系统是保证计算机系统正常运行的重要设备之一。通过人为控制，使得机房能够保持适当的温度（一般为 20℃左右）、合适的湿度（一般为 30% ～ 70%）和洁净度，以便计算机硬件能够正常工作。

③为避免机房发生火灾造成大的损失，应该采取如下防火安全策略：一是配备烟火报警装置；二是制订防火管理应急预案；三是设计防火分离区，如防火门、隔离带等；四是配备灭火器材。

（二）硬件安全

①硬件设备的档案管理。对设备型号、测试、安装、存放、维修、使用等管理信息进行登记。

②防电磁干扰。计算机及其相关设备在工作时会产生一定量的电磁波，当它的强度超过一定量时，对其自身和周边设备产生干扰影响，导致设备不能正常工作。为了解决这类问题，常采取电磁屏蔽、接地系统等措施。

③电磁泄漏。电磁泄漏是指在信息系统工作时，有用的信息电磁信号被高灵敏度设备截获，从而导致信息泄漏，威胁信息安全。为此，人们常采取电子

屏蔽技术和物理抑制技术消除电磁泄漏。

④电源安全。电源是一切电器设备安全工作的基础，其安全管理要考虑如下因素。一是容量应有宽裕，一般电源功率要超过所有设备负载的125%。二是应有应急电源，为了应对停电等突发事件，必须配备不间断电源，以便应急备份时使用；对于重要的不可中断的服务器还应该有备用电源。

（三）介质安全

介质是存放信息的载体，包括各类磁盘、磁带、光盘等。除了进行分类别的存储和管理外，要注意防火、防高温、防潮、防水、防霉、防磁和防盗等，并定期检查和清理。对于重要的信息，不仅要从实体上进行保护，还要通过数据加密处理，从内容上加以保护。

四、网络安全管理

下面从技术角度阐述如何利用信息安全技术，解决信息资源的可用性、保密性、认证性、一致性等问题。具体技术措施包括：

①利用防火墙、虚拟专用网（VPN）等网络资源访问控制技术保证企业内外网络的安全；

②通过各种身份认证（如CA及数字签名等）和权限管理手段，实现网络、系统（数据库）、数据的访问控制和身份认证；

③采取适宜的加密技术，保证网络、软件、数据的安全；

④建立企业级的病毒防范系统，防御和最大限度地降低病毒侵害；

⑤利用入侵检测系统（IDS）、网络监控、系统日志等手段，建立和完善日常的管理体系，防御、追踪和处理（含审计）潜在的和已发生的各类安全问题。

网络的开放性、互联性、共享性程度的扩大，特别是因特网的出现和快速发展，使网络对社会的影响越来越大。电子商务、电子政务、网络银行、企业门户等的应用都是以它为基础的，可以毫不夸张地说，信息时代下如果没有网络，就如同没有电路和道路一样不方便，网络是社会的另一项非常重要的基础设施。然而，由于互联网开放性、方便性的设计初衷，使得它存在许多物理的、软件的缺陷和漏洞可被人利用，导致种种信息安全问题的出现，如利用存在于网络系统软件中的各种漏洞或“后门”，攻击系统或窃取机密信息等。这也正是高校领导层对网络信息系统建设的疑虑。的确，只有从技术上防止和解决这些安全问题，网络才能真正成为人们开展信息资源开发利用的强有力工具。

第三节　网络资源与网络安全管理

一、网络资源

以 B/S 产品数据查询为例，W 公司上海办事处销售员通过互联网查询位于总部（北京）产品数据库中的信息，以便为客户报价，就是一个典型的通过互联网实现的 Web 应用。它涉及如下网络资源。

一是主机系统各类提供网络服务的计算机系统，也称服务器，如各级网络管理服务器、北京总部的 Web 应用服务器等。它包括硬件，也包括其中的系统软件、应用软件和数据，如北京总部的 Web 应用服务器上的 WWW 服务器程序（如 IIS）、数据库管理系统（如 SQLServer）和 Web 应用程序（如销售管理信息系统）等。

二是终端系统发出各类服务请求的计算机系统，也称客户机。同样，它也包括硬件、软件和数据。

三是网络互联设备，包括网线和接口，集线器、交换机、路由器，以及网关、网桥系统等。

原则上，上述网络资源中的任何一项及其使用环节出现问题，信息系统就不能正常工作或受到侵犯，从而导致出现信息资源安全问题，即可用性、保密性、认证性和一致性的丧失。网络层安全管理就是通过网络规划（划分）、设备配置与维护、审计追踪等管理方法和加密、访问控制、网络检测和病毒防护等技术手段，解决网络信息系统应用中存在的不可用、盗用或乱用、泄密、篡改、假冒、抵赖和无法追踪等问题。

二、网络安全技术

主要的网络安全措施和技术包括网络分段与虚拟局域网、防火墙、虚拟专用网（VPN）、入侵检测、病毒防治等。

（一）网络分段与虚拟局域网

网络分段通常被认为是控制广播风暴的一种基本手段，也是保证网络安全的一项重要措施。其指导思想就是将非法用户与网络资源相互隔离，从而达到限制和阻止用户非法访问及非法监听的目的。同时，它也可以带来一些好处，如过滤通信量、扩大网络范围、提高可靠性、减少网络嗅觉器（Sniffer）监听范围等。网络分段包括物理分段和逻辑分段。物理分段是指将网络从物理层或数据链路层上分段，使得不同网段之间无法进行直接通信。目前许多交换机都有一定的访问控制能力，可以实现物理分段。逻辑分段是指在网络层以上进行的分段。例如在 TCP/IP 网络中，可把网络分成若干 IP 子网，各子网间必须通过路由器、网关或防火墙等设备进行连接，利用这些设备（包括软件）的安全机制来控制各子网间的访问。

虚拟局域网（VLAN）技术是一种常用的逻辑分段方法，是指网络节点不拘泥于物理位置，可以根据需要按照一定规则加入不同的逻辑子网中的一种分段技术。网络管理员利用 VLAN 可以实现网络的灵活分段，从而带来许多好处：有效管理 VLAN 间的广播，防止广播风暴发生；可以有效地管理和限制 VLAN 间的访问量，减少路由器开销；增加网络内部安全性；为管理网络提供便利，简化因为网络变化带来的工作等。常见的 VLAN 划分方法有基于端口的 VLAN、基于 MAC 的 VLAN、基于协议的 VLAN、基于 IP 的 VPN 等。

（二）防火墙

防火墙是指设置在不同网络（如可信任的内部网和不可信任的公共网）之间的硬件或软件部件的组合，故有硬件防火墙和软件防火墙之分。它是不同网络间信息的唯一通道，利用它可以监测、限制、更改跨越防火墙的数据流。通过限制外部（非授权用户）访问内部网络，监测和管理内部对外部网络的访问，来加强网络的内在安全性，从而实现了合法用户可用而非法用户不可用的安全目标。目前比较好的防火墙配置方法是使用两道防火墙，通过外部防火墙和内部防火墙过滤，使得内部网络只与相对安全的“隔离区”（Demilitaried Zone，DMZ）交换信息，强化内部网络的安全性。目前，从连接方式看，防火墙被分为分组过滤型、应用网关（或代理服务器）型、电路层网关型等。

（三）虚拟专用网

传输最重要的信息（如军事情报、政府内部政务信息等），最安全的办法是通过专用网络。但是，建设或租用专用网络（如电信的增值网络 Value Added Network，简称 VAN），费用是昂贵的，在广域网范围尤为如此。所以，大多数构建内部网络的用户都期望有一种既安全又经济的网络方式，能够实现安全的（远距离）信息传输。虚拟专用网应运而生。

虚拟专用网被定义为通过公共网络（如因特网）建立的专用网络，它通过所谓的“隧道”技术，开辟一条穿过混乱的公共网络的安全、稳定的隧道，实现可信任的网络连接。它有以下明显优点。

①使用虚拟专用网比起专网建设或租用相应设备更加经济，成本大幅降低。

②结构灵活、管理方便。较少的网络设备，几乎不用铺线，管理和维护网络（扩充或缩减变化）很容易。

③安全是 VPN 最核心的功能。因为它是基于一系列安全协议（如 IPSec、GRE、L2F、PPrP 等）下的网络连接，实现了数据加密传输；信息认证和身份认证保证了信息的完整性（一致性）、合法性（认证性）；提供了访问控制，不同用户有不同权限。而这些安全协议的技术基础，是数据加密技术。

（四）入侵检测

网络上存在许多攻击行为，如扫描器攻击、口令入侵、网络木马、网络嗅觉器、破坏攻击（如邮件炸弹）等。如果说防火墙是一种从防御角度构造网络安全系统的话，那么入侵检测就是一种主动安全保护技术。它就如同雷达预警一样，作为防火墙之后的第二道闸门，在不影响网络性能的前提下，对网络（特别是内部网络）进行监测，从计算机网络的若干关键点收集信息，通过分析这些信息，发现异常并判断是否为恶意攻击。从检测方式分，入侵检测分为实时入侵检测和事后入侵检测。从信息源来划分，入侵检测可分为基于主机的入侵检测和基于网络的入侵检测。前者主要利用主机的各种运行日志来进行分析判断，而后者主要利用网络数据流的数据包数据进行分析判断。入侵检测常用的数据分析方法有：特征识别或模式匹配分析，即已知异常或攻击侵入的特征，判断用户行为是否与之匹配，这种检测事先需要掌握所有入侵特征的信息，才能避免漏判，所以该分析方法也称误用检测；统计分析，是指根据统计数据，正常情况下系统特征在一定的区间内，当用户行为特征超出统计区间，则认为异常（可能为新入侵），故也称该分析方法为异常检测。入侵检测系统最终向管理人员提供网络系统安全的预警信息，为及时发现进而有效抑制和打击非法入侵行为提供帮助。

（五）病毒防治

在1994年2月28日颁布的《中华人民共和国计算机信息系统安全保护条例》中，把计算机病毒定义为“编制或者在计算机程序中插入的破坏计算机功能或者毁坏数据，影响计算机使用，并能自我复制的一组计算机指令或程序代码”。它具有隐蔽性、传染性、潜伏性（触发性）和破坏性的特点。例如，拒绝服务攻击就是以网络瘫痪为目标的网络病毒（外部恶意程序），通过向网站发送大量无意义的信息，使得网络拥堵直至瘫痪即不能提供服务。历史上它曾经使美国“雅虎”“亚马逊”等大型网站瘫痪，造成了极大的社会影响，显然这需要网络层面的病毒防护和治理。网络病毒防治，主要从客户机或工作站、主机和防火墙等层面，对寄宿病毒的计算机系统及其网络进行预防和治理，包括扫描、过滤、清除等工作。本质上，病毒防治是对恶意程序的预防和治理，属于软件安全范畴，后面将做进一步讨论。除了上述措施和技术以外，网络安全技术还涉及通信加密、网络应用实体认证等问题。

三、软件安全管理

现代的信息系统是基于计算机的信息系统。从抽象的功能角度看，计算机信息系统实际上就是利用硬件完成一系列关于信息的输入、处理、输出活动的工具。一个信息系统由人员、硬件、软件、数据、操作规则（规程）五要素组成。人员通过软件指挥硬件来有序地完成各种信息活动，软件是程序和数据（控制程序的参数）的有机结合体，程序则是指令的有序集合。指令是特殊的信息，所以，软件是一种特殊的信息资源（资产），它是计算机信息系统的核心。在信息系统安全管理过程中，软件既是安全保护的对象，也是安全管理的工具，同时也可能是危害安全的途径和手段。因此，软件的安全是保证信息系统安全的一项基本工作。

1. 软件安全问题

（1）信息资产受到威胁

在信息时代，信息活动日益频繁和重要，软件也成为人们工作、学习乃至竞争的重要工具。同时，作为一种特殊的商品，由于其开发成本越来越高，所以软件已经成为组织或个人重要的信息资产。但由于信息可共享性的特点，使得它成为被盗窃、复制而非法使用的重点对象。从管理手段看，软件安全管理既依赖于道德、法律（知识产权等）和实体保护（防盗）等非技术手段，也可以通过一些技术手段达到安全管理的目的。

软件盗用既体现在整体非法复制，也反映在局部代码非法复用。所以，保护软件资产的安全管理措施包括软件备份安全管理和软件代码安全管理两个方面。对于磁盘或光盘备份的软件，可以用“软件指纹”、软件加密等手段防止软件盗用。对于安装使用的软件，可以采取“软件狗”或“电子锁”“时间炸弹”（如共享软件试用时间限制）等手段限制非法使用。为了防止人们通过各种手段获取、盗用乃至恶意篡改软件核心代码，数字签名、反动态跟踪技术等成为代码（组件）安全管理的主要手段。

（2）软件应用安全问题

软件只有安装在计算机中，并进行适当的参数配置才可使用。同时在使用中，它要进行适当的管理和维护才好用。所以，软件应用的安全问题渗透在软件安装、配置、维护、管理等许多环节，软件应用安全管理解决软件应用过程中所面临的软件资源的可用性、机密性、认证性、一致性等问题。

一个解决具体问题的应用系统，通常是在不同层次的软件共同支持下完成信息处理任务的。如某基于 Web 的销售管理系统，是用 ASP. NET 开发的应用系统。支持它的软件依次为 Windows Server 2003（OS）、Framework 2.0、IIS5.0（Web 服务器）、SQL Server 2005（DB Server）等，它们被统称为系统软件。所以，软件应用安全问题可以被分为系统软件安全、应用软件安全和恶意程序及其防治等三类安全管理问题。操作系统是一切软件的基础，是最重要的系统软件。所以，系统软件安全分为操作系统安全和应用支撑软件安全两类。

2. 系统软件安全管理

（1）操作系统安全

操作系统作为最基本的系统软件，它是计算机资源的直接管理者，是计算机系统的核心控制软件，也是计算机系统安全的基础保障者。操作系统直接运行在计算机硬件之上，为用户提供接口，用户通过接口来操作硬件系统。同时，各类应用支撑软件（如数据库服务器、网络管理和应用服务器等）也都通过它与硬件系统打交道。所以，要保证应用软件、应用支撑软件的安全性，除了它们自身的安全性外，最重要的在于其底层操作系统的安全性。因此，保障操作系统的安全是整个计算机系统安全的基础和关键。解决应用系统的安全性，首先要研究和使用高可靠性、高容错能力和可动态配置策略的安全操作系统。

作为应用系统的支撑平台，操作系统安全管理问题涉及操作系统本身安全性和配置使用安全性两方面，两者反映在操作系统的安全设计及其安全机制上。

过去的几十年间，为了解决操作系统的安全问题，业界、学者乃至政府都倾注了巨大的精力，进行不断深入的研究。其中，1983 年美国国防部国家计算机安全中心提出的“可信计算机系统评审标准”（Trusted Computer System Evaluation Criteria，TCSEC），堪称信息系统安全史上里程碑式的工作。尽管它有些地方跟不上历史的步伐，但仍然对信息系统安全建设有着指导作用，它也是现代操作系统安全设计所参考的重要标准之一。

TCSEC 对“可信计算机系统”提出了以下六条基本要求。

①安全策略：系统实施访问的规则说明。

②标记：标记系统控制的每一客体与访问数据有关的需求。

③识别：准确识别欲访问系统客体的主体身份的需求。

④责任：保存与安全有关时间记录的需求。

⑤保证：对安全机制独立评估，以便为满足系统需求提供保证。

⑥连续保护：保证安全实施机制不被恶意修改，以避免降低安全性。

TCSEC 根据不同的安全需要，按可靠程度将计算机系统分为四类（D、C、B、A 类）八级，具体如下。

① D：非安全保护类，如 MS-DOS。

② C：自主型保护类。

C1：具有一定自主存取控制机制，通过用户与数据隔离措施满足安全要求，如早期 UNIX。

C2：可控制的安全保护机制，通过注册、审查、资源隔离等达到安全要求，如 Windows 2000、UNIX。

③ B：强制型安全保护类。

B1：标记安全保护，在 C2 上增加标记强制访问控制等功能，如 AT-SystemV。

B2：具有形式化安全模型，系统设计结构化，加入用户自评级功能，如 Xenix。

B3：安全区域级，严格结构化设计，全面的存取控制的访问监控机制、审计报告。如 Federal、System XTS 200。

④ A：验证型保护类。

A1：验证设计，如 Honey well SCOMP。

超 A1：验证客观级。

从每级后面列的例子，可见“可信计算机系统”几乎就是安全的操作系统。我国 1999 年公布了相关的标准《计算机信息系统安全保护等级划分准则》（GB17859—1999）。该标准规定了计算机系统安全保护能力的五个等级。

第一级：用户自主保护级。

第二级：系统审计保护级。

第三级：安全标记保护级。

第四级：结构化保护级。

第五级：访问验证保护级。

应该指出的是，安全等级越高，系统代价越大。不难从这一变化看出，操作系统的安全设计与安全性要求是紧密相关的。事实上，人们早就提出了安全操作系统设计应该遵循的原则，其具体内容如下。

①最小特权：为了使无意的或恶意的攻击所造成的损失达到最低程度，每个用户和程序必须尽可能地使用最小特权。

②经济性：为了便于得到验证和正确地执行，设计的操作系统应该是足够小和足够简单的，并且易于理解。

③开放性：保护机构应该是公开的，不取决于公开者的无知，而只取决于相对少的关键项的安全性，如口令表。

④以许可为基础：存取时必须是授权的，排除违约情况，即只识别可存取的项目而不识别不可存取的项目。

⑤公用机构最少：由于多用户共享存取目标常常会出现意识不到的潜在的信息通道，需要通过隔离（物理管理硬件或逻辑隔离虚拟机）用户，以减少共享所产生的错误。

⑥有效性：每一次存取都必须受到控制。

⑦完全协调：每次存取应该经过检查；检查机构必须高效；用户应该能够掌握；三者应该协调。

⑧方便性：用户在心理上乐于接受和使用。

根据上述原则，人们通过许多具体的设计思想和方法，如隔离设计（物理的、逻辑的、密码的、临时的）、核心设计（最低功能的内核）、层结构设计和环结构设计（从内向外由最敏感可信任层到最不敏感最不信任层）等，实现了具体的操作系统安全机制。

操作系统主要包括文件管理与保护、进程管理与控制、内存管理与控制、输入／输出设备管理与控制、审计日志管理等职能，针对操作系统管理硬件和服务软件的特点，可以把操作系统的安全分为硬件系统安全机制和软件系统安全机制两个方面。

硬件系统的安全机制主要包括内存保护、进程控制、输入／输出控制等。内存保护机制是依据隔离设计、核心设计、层次设计等原则，将内存分为系统（内核）区和用户区，同时将程序使用模式分为用户模式和内核模式。在多任务环境下，内存保护保证进程间互不干扰，以及用户进程不得非法访问系统区，特权程序可以通过控制切换指令，实现对系统区的访问，从而保证内核、应用的各层访问控制，保证系统的可用。

软件系统的安全机制主要包括身份识别与鉴别、访问控制、最小特权管理、安全审计等机制。身份识别与鉴别机制即通过建立用户及其标识符（如 ID ／ Password）和权限的安全管理，为访问控制、审计管理等提供基础。访问控制机制是安全管理的主要表现形式，主要任务是防止非授权用户进入系统或非法存取使用系统资源。存取控制一般可分为自主访问控制、强制访问控制和基于角色的访问控制等。自主访问控制是指授权用户可以自主地为其他用户授予访问使用的权力；强制访问控制是指系统管理员分配给用户和资源固定的安全属性，实现用户对资源限制性的访问。基于角色的访问控制是在用户与资源访问之间建立某种关系映射（角色），用户根据角色所赋予的权力访问资源。这种机制也普遍使用在应用软件系统中。最小特权管理机制实际上体现为“必不可少，也不可多”的原则，使系统用户只具有完成任务所需的特权，限制超级特权，从而降低风险。安全审计机制通过生成和分析各种系统运行记录，通过检查和审核，为系统可用性、认证性和一致性管理提供可追踪的依据。

（2）应用支撑软件安全

应用支撑软件是指除操作系统外，支撑应用软件工作的所有系统软件，包括运行支持软件（如 Framework）、各种应用服务器软件（如 Web 服务器）、数据库管理系统软件等。在操作系统控制各类应用服务的基础上，各支撑软件根据自身任务要求，通过技术手段（通常为配置与维护工作）完成安全服务工作——机密、认证、访问控制、审计等。下面以基于 Web 的缴费应用系统为例，说明 Web 服务器的安全配置。

目前，在线缴费系统是高校网络应用的重要方面，与一般的网络应用不同，在线缴费对交易的机密性、认证性、一致性、不可抵赖性等有较高的安全性要求，特别是具有电子支付功能的系统。

无论在线缴费系统还是提供安全支持的认证服务（CA）系统都是基于 Web 的应用系统，它们的安全依赖于安全的 Web 服务器。Web 服务器安全管理主要体现在 Web 服务器配置上，人们可以根据安全要求对访问控制、认证等做具体部署，微软 Web 服务器 IIS 下 ASP. NET 配置界面包含了许多安全属性的配置。

当然，Web 服务器的安全还应该包括服务器文件（夹）安全管理、Web 站点网络安全管理（如量控制、网络攻击检测）等，即需要操作系统和网络安全等多方面的支持。

（3）应用软件安全管理

应用软件能否安全运行，除了实体、网络和系统软件的安全支持以外，其自身也必须具备与安全级别相适应的安全管理功能，即通过身份识别与鉴别、访问控制、最小特权管理、全审计等机制，解决应用软件的安全问题。根据分层、隔离、最小特权管理等原则，针对本应用业务的功能及其用户，设计相应的安全管理功能（如权限和用户管理等模块），以实施应用系统安全管理。

（4）恶意程序及其防治

①恶意程序。从软件层面看，除了用户自身的系统软件和应用软件外，外来的恶意程序构成了对信息系统安全最大的威胁。恶意程序是指未经授权在用户不知道的情况下，进入用户计算机系统中，影响系统正常工作，甚至危害或破坏系统的计算机程序。它具有破坏性、非法性和隐蔽性的特点。它可能以可执行文件形式存在于系统中，可以在操作系统中自动运行，被称为非宿主的恶意程序；也可能把程序段嵌入用户应用程序（代码或数据）中，当应用程序启动时，被激活执行破坏操作，被称为宿主的恶意程序。恶意程序也可分为不可复制和可复制两种。前者是指程序激活后只完成它自身的程序任务；而后者激活后，在完成自身程序任务的同时，还在系统中产生一个或多个可被激活的备份。人们把可复制的恶意程序称为病毒，复制现象被称为传染。如同有的生物病毒具有潜伏期一样，计算机病毒也可能有潜伏期，当激活条件具备的时候，它就开始发作。下面罗列一些常见的恶意程序。

a. 陷门是指进入程序的秘密入口，也称后门，它使得知道的人可以不经过通常的安全访问过程而获得访问。它源自程序员为省事而常用的陷门技术，后来被黑客用来非法入侵、窃取和篡改信息。原则上，任何信息系统都会存在漏洞，发现（扫描）漏洞并及时修补（补丁），即堵住“后门”，是信息系统安全的重要职责。

b. 逻辑炸弹是指嵌入合法程序中的代码，被设置为满足特定条件就会“爆炸”，例如执行一个有害的任务，如删除、修改数据或文件，关机，黑屏乃至破坏整个计算机系统。

c. 木马软件中含有一个不易觉察出的有害程序段，当它被执行时，会破坏用户的安全。该程序段如同特洛伊木马，它通常看似有用，但暗藏危害，当用户使用后，会导致信息（如网民游戏账号）泄露或非法修改等，造成损失。

d. 病毒是可传染的恶意程序，即病毒程序具有自我复制功能，也可以通过寄宿于文件中，随着文件的传递而传播。

e. 蠕虫是一种通过网络自我复制的网络病毒程序。一旦程序被激活，蠕虫就像病毒一样危害计算机系统。一般的网络行为（如发电子邮件、远程访问等），都有可能携带蠕虫并导致病毒发作。

随着技术的发展，各种手段相互结合产生出破坏力更大、传染性更强、隐藏更深的复合型恶意程序，有时，人们喜欢把它们统称为病毒。

从信息系统安全角度看，恶意程序破坏直接体现在以下几个方面。

a. 系统资源不好用乃至不可用，如网络拥堵导致网速过慢、计算机运行速度奇慢导致应用程序不能正常使用等。

b. 信息机密性丧失，如数据信息或程序被盗窃。

c. 信息认证性被破坏，如密码失窃带来的假冒、伪造问题等。

d. 信息一致性丧失，如恶意地修改内容导致无法认证。

这些恶意程序都间接地导致组织或个人蒙受不必要的损失，乃至形成计算机犯罪，产生巨大的社会危害。因此，恶意程序的防治是信息系统安全的一项重要工作。

②恶意程序的防治。就一个组织的信息系统安全管理而言，恶意程序的防治工作包括防护和治理两方面，应该采取管理与技术相结合的方法。首先，要开展信息安全教育，提高组织成员的信息安全意识和职业素养，制订日常安全工作的守则（如密码管理、信息交换、网络使用、系统备份等制度）；其次，要确立“层层设防、集中控制、以防为主、防杀结合”的原则，通过全方位、多层次的防护体系和措施，最大限度地减少恶意程序入侵的可能。从技术角度，建立和强化各级病毒防火墙（因特网网关、内部防火墙等），安装网络防病毒系统，对桌面和服务器进行集中监控管理。建立和不断完善入侵检测系统，及时发现问题，及时隔离、清杀处理，使系统损失降低到最小。

四、数据安全管理

信息系统管理的对象就是数据，数据安全管理是信息系统安全最根本的落脚点，其他层面的安全管理也是为数据安全目的而服务的。数据安全管理主要解决数据（信息）的可用性、机密性、认证性和一致性等问题。因为信息系统中数据大多存放在数据库系统中，因此，数据安全管理主要体现在数据库系统安全管理上。数据库系统包括数据库和数据库管理系统两部分。前者由表、记录和相关联的数据构成；后者是一个系统软件（数据库服务器），它帮助用户建立、使用和管理数据库。

安全的数据库的基本要求可以归纳为：

①数据库的可用性及易用性（用户界面友好、合法用户可以便捷地访问数据）。

②数据库的保密性（用户身份识别、信息保密、访问控制）。

③数据库的完整性（物理数据库完整性、逻辑数据库完整性和数据库属性数据的完整性）。

④数据库的可维护性（可审计、备份策略）。数据安全管理主要采取的安

全技术措施包括用户及其权限管理、访问控制、数据加密、日志与审计、数据备份等。

1. 用户权限管理

信息系统中数据可用性的安全目标就是“防止非法使用，方便合法使用”，完备的安全建立在系统的多重用户（如应用系统中用户、数据库管理系统中用户、操作系统中用户等）管理之上，应用系统中的用户及其权限，最终要映射为数据库管理系统中的用户及其权限。数据库管理系统中的操作权限可分为两类：数据库模式修改（数据库管理）权限和数据操作权限。

数据库模式修改权限如下。

①索引权限：允许用户创建、删除索引。

②资源权限：允许用户创建新的关系。

③修改权限：允许用户在关系中增加或删除属性。

④撤销权限：允许用户撤销关系。

数据操作权限如下。

①读取权限：允许用户读取数据。

②插入权限：允许用户插入数据。

③修改权限：允许用户修改数据，但不能删除。

④删除权限：允许用户删除数据。

数据库管理员为每个使用数据库的用户建立用户标识——用户名及初始口令，并根据“最小特权管理”的原则，分配相应的权限。例如，在数据库中把存取权限分为如下几个方面。

① SELECT：允许用户对关系或视图执行查询操作。

② INSERT：允许用户对关系或视图执行插入操作。

③ UPDATE：允许用户对关系或视图执行修改操作。

④ DELETE：允许用户对关系或视图执行删除操作。

⑤ REFERENCE：允许用户定义新关系时，引用其他关系的主键为外键。

⑥ USAGE：允许用户使用已定义的域。

2. 访问控制

建立相应的安全访问控制机制（如登录程序），识别用户身份（用户输入与系统用户标识进行比对），实现数据库（数据、视图等）可用性的安全目标。

3. 数据加密

数据库的一大特点就是数据可以共享，但数据共享必然带来数据安全性问题，尽管可以通过访问控制减少风险，但是对于极端重要和私密的数据（用户口令及应用意义巨大且机密要求极高的数据，如银行卡用户标识、个人隐私等）来说，必须实行更加严密的安全措施——数据加密。数据加密本质上是一种数据变换，将数据变为不可识别（不可读）的内容，一般人不可利用，只有掌握变换规律（变换参数——密钥）才能还原利用（可读）。这样，数据加密使重要的数据唯有掌握密钥的人（合法用户）可用，从而达到安全保密的作用。研究数据加密和解密的学问称为密码学。它是信息安全技术的基础。信息安全的许多领域，如访问控制（口令信息的加密、文件访问控制）、通信网络信道加密（如 VPN 等）、真实性认证等都用到了加密技术。事实上，数据库中用户口令管理也用到了数据加密，即便最大权限的数据库管理员也无法获得用户自己更改的口令（只能删除），从而减少了非法冒用的可能。

4. 日志与备份

尽管数据库管理系统提供了上述严格的安全措施，但依然可能存在各种各样的故障和攻击（如恶意程序攻击等），数据库难免遭受破坏。此时，掌握数据库被破坏的情况（时间、内容等），采取最大限度的恢复措施，使数据损失最小，就显得非常重要。这涉及日志和备份技术。

数据库的日志文件用来记录数据库每一次的更新活动，它是数据库管理系统的一个重要组成部分，对数据库系统的审计和事后安全管理起着重要的作用。数据库管理系统通常把事务的开始、结束以及对数据库的操作行为等，以记录的形式写在日志文件中。日志文件反映了数据库变化（包括破坏）的记录，对其进行分析，可以帮助人们建立合适的管理策略。其中，最重要的安全措施之一就是数据备份。

备份是某一时刻数据库状态的复制品，即通过一定的技术手段把数据库转存到适当的介质上。备份可分为完全备份和增量备份，前者是指复制全部的数据库，后者只转储了上次备份后产生变化的数据。根据存放地点的不同，备份也可分为本地备份和异地备份。人们可以根据安全等级和实际情况，确定相应的备份策略，进而利用日志和备份对破坏的数据库进行恢复或修复。

值得指出的是，除了上述数据库系统的安全管理技术措施外，信息系统的数据安全还体现在数据真实性认证方面，特别是对电子商务这样多用户实体的信息系统来说，数据源认证（抗抵赖）是非常重要的。现在，解决这个问题的主要技术是数字签名。联合国发布的《电子签名示范法》中对数字签名的定义是这样的："在数字电文中以电子形式所含、所附或在逻辑上与数据电文有联系的数据，它可用于鉴别与数据电文相关的签名人和表明签名人认可数据电文所含信息。"

参考文献

[1] 洪克诗. 试析大数据环境下图书馆公共媒体数据库建设与利用 [J]. 电脑知识与技术，2016，12（11）.

[2] 岂欣. 计算机数据库技术在政府部门信息管理中的应用分析 [J]. 信息记录材料，2018，19（3）.

[3] 范贤玉. 高校图书馆特色数据库建设的理论与实践 [J]. 图书馆建设，2015，65（2）.

[4] 张丽静. 高校图书馆特色数据库建设中存在的各种矛盾现象分析 [J]. 大学图书馆学报，2011，29（1）.

[5] 周伟，王宁. 高校图书馆特色数据库建设研究取向分析：基于江苏省高校图书馆特色数据库建设实证研究 [J]. 图书馆，2010，35（2）.

[6] 王波，吴汉华，宋姬芳，等. 2016 年高校图书馆发展概况 [J]. 高校图书馆工作，2017，37（6）.

[7] 龚永红. DC 元数据及其在数字图书馆建设中的应用 [J]. 科技情报开发与经济，2010，20（31）.

[8] 吴汉华，姚小燕. 我国高校图书馆年度经费支出现状分析 [J]. 高校图书馆工作，2017，37（4）.

[9] 王波，吴汉华，姚晓霞，等. 2015 年高校图书馆发展概况 [J]. 高校图书馆工作，2017，37（1）.

[10] 高凡，何雪梅，胡秀梅，等. 高校图书馆文献资源发展状况（2010—2014）[J]. 大学图书馆学报，2016，34（2）.

[11] 祝红艺，罗红彬. 数字资源计量规范研究：基于事实数据库专项数据填报的思考 [J]. 现代情报，2016，36（1）.

[12] 谈鹤玲，魏本力. 教育部高校图书馆事实数据库统计功能及其指标研

究 [J]. 科技情报开发与经济，2015，25（16）.

[13] 陈尚达. 试论阅读教学中的“对话” [J]. 皖西学院学报，2002，18（6）.

[14] 南爱峰. 高校图书馆“校园原创书评数据库”建设研究 [J]. 图书馆论坛，2011，31（4）.

[15] 刘书芬. 系统方法与高校图书馆建设 [J]. 嘉应大学学报，2000，18（4）.

[16] 刘艳苏. 高校图书馆读者书评数据库构建设想 [J]. 图书馆论坛，2010，30（5）.

[17] 张逆升. 读者需求背景下的高职院校图书馆数据库建设 [J]. 卷宗，2015，5（9）.

[18] 李雪梅. “大数据”背景下高校图书馆数据库建设研究 [J]. 产业与科技论坛，2016，15（23）.

[19] 古丽茹·喀迪尔. 浅谈基于有利于医院创新的图书馆建设 [J]. 中国保健营养（中旬刊），2013，29（9）.

[20] 焦倩，李竞，封国华，等. 医院图书馆文献资源整合的意义与方法 [J]. 实用医药杂志，2013，30（4）.